U0807319

# 静能量

## 内在平衡的调节之法

『推开心理咨询室的门』编写组 编著

中国纺织出版社有限公司

# 内 容 提 要

生存于世，我们要为了吃穿住行而努力，为了达成目标而奋斗，为了经营社交圈而游走，为了家庭和谐而退让……我们好像每天都很忙，每天在焦虑、烦躁中崩溃，然后自愈。我们在社会的熔炉中迷失了自己，丢掉了初心，浑浑噩噩不知所以。是时候静下心来，找回内心的淡然与平和了。

本书从现代人普遍的浮躁、焦虑状态出发，分析欲望、抱怨、苛求等消极心态带给人们的影响，并且一步步引导读者思考自己的压力和困惑，找到平衡内在自我的调节方法，让内心重归宁静。

**图书在版编目（CIP）数据**

静能量：内在平衡的调节之法 /“推开心理咨询室的门”编写组编著. -- 北京：中国纺织出版社有限公司，2024.6

ISBN 978-7-5229-1554-8

Ⅰ. ①静… Ⅱ. ①推… Ⅲ. ①心理学—研究 Ⅳ. ①B84

中国国家版本馆CIP数据核字（2024）第055582号

责任编辑：张祎程　　责任校对：江思飞　　责任印制：储志伟

中国纺织出版社有限公司出版发行
地址：北京市朝阳区百子湾东里A407号楼　邮政编码：100124
销售电话：010—67004422　传真：010—87155801
http://www.c-textilep.com
中国纺织出版社天猫旗舰店
官方微博 http://weibo.com/2119887771
天津千鹤文化传播有限公司印刷　各地新华书店经销
2024年6月第1版第1次印刷
开本：880×1230　1/32　印张：7
字数：113千字　定价：49.80元

凡购本书，如有缺页、倒页、脱页，由本社图书营销中心调换

# 前言

现代社会，生活节奏越来越快，人际关系越来越复杂，处处充满了诱惑，使人心神不宁、浮躁不安。人们一边抱怨着生活乏味无聊，一边又懒得去改变这种现状，每天浑浑噩噩地过日子。也有一些人，他们似乎只有与众人相处的时候才能获得快乐，一旦离开人群，就会觉得无法适应。其实，这都是内心浮躁的表现。

想让一颗浮躁的心静下来并不容易。心浮躁，是因为心中有太多的欲望，有太多的不良情绪。想要心静下来，首先要坦然面对人生的一切，要保持淡定从容的姿态，学会享受一个人的生活，学会关注自己的内心。只有回归原本的纯真，浮躁的心才能平静下来。对每一件没有按照自己想法发展的事情，不要执迷于结果，而是专注于完成的过程，专注于自己的提升。只有把心静下来，你才可以重新思考人生，只有内心宁静，才能做到随遇而安、开心快乐。

当然，每个人的生活都不是单一的，而是充满了各种鲜活色彩。有悲有喜，有成功，有失败；有得意之事，也有失意之时；有艰辛之处，也有快乐相陪。任何一种情绪都不会是常态，任何一种处境都不会是永恒，所以何必执着于一时，何必为当下焦虑，不如凡事顺其自然，把一切交给时间。当放下躁动不安的心，你会发现，原本属于你的快乐就悄悄来到了你的身边。不必追求什么超然的人生境界，只要我们学会用纯洁的心灵、乐观的心情和善良的心肠去真实地对待生活，用心去感受生活的可贵，领悟生活的真谛，保持一种恬淡的心情，轻松地去享受人生的一些小乐趣，就足够了。

古人说“宁静以致远”，一个人在内心平静的时候，大脑会更加清醒，身心便可以彻底地放松下来。生活的环境越是浮躁、焦虑，我们就越是需要时间宁静地独处。倘若你能够时常留出时间来独处，甚至享受孤独和寂寞的滋味，那么你必定拥有一颗成熟的、淡定的、平静的心灵。

为此，我们有必要去找寻调节内在平衡的静心方法。比如：在闲暇时间融入自然，去拥抱阳光，吸取自然的力量；或者静静地聆听音乐，在美妙的音乐中获得身心的放松；又或者静心阅读，在书海中享受不同人生……其实，无论何种方法，只要能将浮躁的心沉静下来，我们就能更好地清除内心的垃圾，排解内心的压力，调整好状态投入接下来的生活和工作中。

本书是一本心灵指南，它能引导你抛开世俗的烦恼，帮你发现并接受最本真的自我。跟着它的脚步走，你会逐步清除掉那些烦扰你的心灵污垢，找到自己心灵的归宿。从此，无论外界发生了什么，你都能以一颗淡然的心去面对，都能做到不骄不躁、得失淡然。

编著者

2023年12月

# 目 录

# 第 1 章

## 简单生活，不让杂事干扰自己的身心和脚步

人们常说，不如意事十有八九，面对生活，人们之所以痛苦、纠结，就是因为想得太多，或者求之而不得。其实，人生的很多东西都是强求不来的，我们只要做到顺其自然，凡事不强求，就会发现心将变得更加安静，更加自由。因此，生活也会变得很简单，我们也很容易就能够感受到幸福。

## 凡事顺其自然、不苛求

我们都知道，任何事情的发展都是有规律的，人们的主观愿望与实际生活也总是有差距的。就像自然界的植物，它们需要每天进行光合作用，需要接受甘露的灌溉，才能获得成长。每一个生命的成长也如此，千万不要违背规律，急于求成，否则就会欲速则不达。

因此，我们千万不可把自己的主观意愿强加于客观的现实中，我们应该学会随时调整主观与客观之间的差距。凡事顺其自然，确实至为重要。有些事情就是奇怪，你越努力渴求，它越迟迟不来，让你等得心急火燎、焦头烂额。终于，你等得不耐烦了，它却又从天而降，给你个惊喜满怀。我们不妨先来看下面一个故事。

有一对夫妻，小两口恩爱有加，很多人都羡慕。然而他们有一块心病，块垒般郁积心头，一直挥之不去。原来他们结婚五六年了，还没有属于自己的爱情结晶。小两口很着急！一有空就四处寻医问药，但几年过去了，妻子的肚子却不见有怀孕的迹象。更为严重的是，以前身体健壮如牛的妻子竟然和各种莫名其妙的疾病结了缘，攀了亲。开始是整天整天的肚痛，痛得是常常满身的虚汗，痛得是常常在床上打滚，痛得是常常大呼小叫。他们在全国求医问药，但都不见好转，连日的奔波，弄得他们身心俱疲。

父母流泪了，劝他们想开点，朋友们伤心了，劝他们顺其自然。小两口不表示拒绝，也不进行辩驳，均一笑应之。

有一天，小两口到医院打点滴，一个护士看着他们青一块紫一块的胳膊，还有胳膊上密密麻麻针头扎过的小红点，不禁落泪了，劝他们："顺其自然吧，是自己的别人抢不走，不是自己的莫强求……"

听着这温柔的、天使般的声音，小两口陷入了沉思：是啊，小护士和我们素不相识，她为什么要劝我们？还不是看到我们身心俱疲的样子产生悲悯之情了吗？顺其自然，是自己的别人抢不走，不是自己的莫强求……说得多好啊！

回到家，小两口像换了个人似的，把医院买来的各种中药、西药统统扔进了垃圾堆。小两口相视一笑，顿时浑身轻松。

一个周末，妻子翻翻日历，发现例假很久没来，然后拿出试纸，检测了下，发现居然怀孕了，小两口紧紧地相拥在一起，激动的泪水夺眶而出……

后来，丈夫对朋友说：“真的，自从思想放松后，妻子的什么小烧不断、肌肉乱颤、大肠易激、夜间失眠，统统不治而愈。”在他叙述这一切的时候，朋友发现，他的脸色很平静，似乎在叙说一件与自己毫不相干的故事。

这确实是个让我们啼笑皆非的故事。的确，很多时候我们苦苦追求梦想，却总是不如愿，而当我们抱着顺其自然的态度时，却会收获意外的惊喜。

人们常说，“不如意事常八九”。这是古代哲人在总结了历朝历代人类生活状态后所做的大体总结，就是说一个人的一生不如意的时候占去了生命的十之八九，只有十之一二生活在快乐之中。这一分析未必准确，但人的一生中忧比乐多却是不争的事实。得意和失意并不是我们所能控制的，但我们可以控制自己的心态。有人曾说：“凡事顺其自然，遇事处之泰然，得意之时淡然，失意之时坦然，艰辛曲折必然，历尽沧桑悟然。”这“六然”的句子，凝集了人生的处世智慧。因此，无论遇到了什么，我们都不必大悲大喜，以自然的心态面对，你反而会收获难得的快乐！

当然，凡事追求顺其自然，并不是消极避世，而是站在更高层次来俯视生活的一种睿智。如果你站在大树下，看蚂蚁为了一粒米粒，争斗得头破血流，你会想什么？如果你听到一只站在篮球上的蚂蚁说，这就是整个世界，你会想什么？如果你看到一只蚂蚁，坐在水盆中的树叶上，却以为坐上了航空母舰时，你会想什么？是可怜？是可笑？是可悲？还是可爱？或许有更高级的生灵也在俯视着我们。如果你能顺其自然，或许你可以让你的思想升到高空，也可以俯视大地。当人们都顺其自然了，那淡然、泰然、必然、坦然、悟然也就水到渠成，那人生何来得意、失意、艰辛、沧桑之说？

## 强求来的只会是长久的痛苦与磨难

我们都知道，人虽然是社会的人，但同时人又是有差异的个体。每个人都有各自的阅历、各自的潜质、各自的特点、各自的生活方式，没有两个完全相同的人，因此，人们的想法和做事方式也就有了差异。我们绝不可将自己的想法强加于他人，更不能强求他人顺从自己。曾经有这样一句话："道德是一种修养，不是一种权力，道德最适合拿来约束自己，而不适合拿来压制别人。道德如果成为运动，也是'自己做'的运动。"这句话也是告诉我们要尊重他人。

生活中有这样一些人，他们总希望成为社交的中心，希望周围的朋友对自己言听计从，他们甚至希望可以支配他人的生活，不难想象，这类人的人际关系并不融洽。当然，也有一些人愿意成为他们的支配对象，但无论如何，支配者都会在享受掌控他人的“快乐”中逐渐迷失自我。

人际交往有一个很重要的前提，就是要正确地了解人的本性，也就是说，要按照人的本质去认同他们，设身处地地理解人们，而不要用自己的眼光看待他们，更不能把自己的意志强加给别人。每个人的角度和已有的体验不同，想法也就会有所不同，没有放之四海而皆准的真理。只有理解和尊重人性，才能与他人及现实和谐相处。

改变自己很难，改变别人则更难。既然知道改变自己很难，那么就不应再要求别人跟自己一模一样了。世界上没有两片相同的叶子，就更不要奢求别人和你的思维和想法相同。天生万物，各有其理。英国思想家罗素说过：“即使是在与自己最亲近的人的交往中，也应该认识到他们是从自己的角度看待生活的，触及的是他们的自我，而不是从你的角度来看待生活，也不是触及你的自我。不应该期望任何人为了另一个人的生活而改变自己的生活。”

我们应该克制支配欲，别想用斧子把别人雕凿成我们的样子。如果我们要求树根像果实一样奉献自我，那就只好把它当作柴烧了。至于活生生的人，如果不是大是大非的原则，只是涉及方式方法的问题，因为人人看问题的角度都不一样，个个处理事情的方式也不相同，每个人心里都有自己的一把尺子，所以没必要对别人的行为看不惯，更不能按自己的意志苛求别人。衡量别人的尺子长一些，自己的道路就会宽一些。

我们应该做的是约束自己的某些行为，而不是控制他人的内心，尤其是感情。丘吉尔就说过：“世上有两件事最难办，第一，去爬一面倒向你的墙；第二，去吻一位倒向另一边的姑娘。”世上有些事，比如睡觉和恋爱，越努力去做，其效果越糟。爱人和钱是人生中特别不能强求的两样东西，该是谁的就是谁的，不能强求。可人是感伤和怀旧的动物，人们能够接受迅速拉近的距离，却往往无法忍耐亲密相处之后的渐行渐远。

强求来的爱是不会长久的。如果一个人开始怠慢你，请你离开他，对这样不懂得珍惜交情的人不要依依不舍，更不必强求。在情感方面，强求别人就是舍弃尊严。当你舍弃尊严的时候，通常是得不到回报的。当一个人迫切地想要跟你分手，你就答应他吧！强求对方，这不是在折磨对方，而是在侮辱自己。迫切离开的人是留不住的，他根本不爱你，才会那样践踏你的尊严。既然他不爱你，就不要强求，就释放他吧！释放他的同时，也释放了你自己。

要求别人是很痛苦的，要求自己才会获得快乐。而且改变自己是可行的、聪明的，尝试改变别人则是白费心机，会显得愚蠢，还会自寻烦恼。凡事不必苛求，来了就来了；凡事不必计较，过了就过了。该是你的，躲也躲不过；不是你的，求也求不来。你对生活状况及别人的行为要求越少，你就越容易快快乐乐地过日子，待人坦诚而不苛求于人，自己就会快乐。

## 静看花开花落，不强求结果

生命是个奇怪的东西，自打我们来到人世，似乎就在为所谓的幸福努力着，于是很多人毕生都在奋斗，努力地证明自己生命的不凡。有的人选择了用事业上的成功来证明，有的人用不断争取来的权势来证明，有的人凭借巨额财产来证明，有的人用满腹的才华来证明……有的人成功了，也有一些人失败了。其实，凡事我们都不应该强求结果，也不必去证明什么，否则，我们就会给自己施加太大的压力。而我们也只有秉持凡事随缘的态度，才能更好地走好前方的路。

苛求自己一定要成功，将会使得我们患得患失，而这种心态也会成为我们获得成功的大碍。我们在面对任何情况时都应尽量保持平常心。

然而，“宠辱不惊，看庭前花开花落；去留无意，望天上云卷云舒”，这份闲散与安逸对于现代社会的人们来说，或许真的是一种奢望。每个人都有决定自己生活的权利，何必把自己搞得那么累。放慢你的脚步，尽情地呼吸，尽情地欢笑，让生活中多一些温馨，让生命少一分遗憾。有人说，旅途是繁忙的，必须抓紧时间赶路；有人说，旅途是悠闲的，应该缓缓而行；还有人说，旅途的终点是归宿，何来紧迫与悠闲……

据说，苏格拉底曾与人相约去爬山。那人一路赶来，气喘吁吁，姗姗来迟的苏格拉底便问：“你来的路旁有什么吗？”“我不清楚，我只顾向前。”那人沮丧极了。于是，苏格拉底便拍拍身上的尘埃，平静地说：“真是太遗憾了，我已经欣赏完了沿途风光。”苏格拉底的话看似平常，却蕴含了无限道理，是啊，在盲目前进的时候，请放慢你的脚步，去欣赏沿途的风景，或许会有一番惊喜。

的确，在一件事的过程与结果中，我们更应该看重的是过程。努力过、欣赏过沿途的风景，这才是最可贵的。然而，要真正做到不强求结果，还需要我们保持一颗平常心。保持一颗平常心，是人生的一种智慧。有一颗平常的心，才能正视现实，甘于平庸；才能不骄不躁，顺其自然；才能拿捏好分寸，把握幸福。

所以，生活中的人们，我们应该看淡事情的结果。人世间的人与事，来来去去，本就没有一个定数，我们不能左右世事，但可以左右自己的心。当我们拥有时，我们要懂得珍惜，失去时，也不可过分执着。人有悲欢离合，月有阴晴圆缺，以淡然的态度面对，我们的心会释然很多。

## 计较得多，背负也多

生活中，在一些人眼里，吃亏的老实人成了“傻瓜”“无能者”的代名词，似乎吃亏是理所应当的。但我们似乎也会注意到：那些愿意吃亏、让朋友占便宜的人总是有更好的人际关系，无论是在工作还是生活中，他们会得到更多人的信任，有更多的升迁机会，也总是有更多的人愿意成为他们的朋友。其实，这印证了人们常说的“吃亏是福”这句话。不计较得失、主动让步，让朋友多占点便宜，可能确实会带来利益上的损失，但却可能给你带来友谊、带来信任，而最主要的是我们获得了心灵上的充实感。

生活中，很多时候，人与人之间常为一些蝇头小利而产生矛盾，得失心太重，反而会舍本逐末。的确，人性里都有自私的成分，都希望能占点小便宜，但正是因为这一点，如果你能满足对方的这些小心思，那么，他是能感受到你的大度和豁达的，自然愿意把你当朋友，久而久之，对方也会自知理亏，也不会再事事占便宜了。

古时候，有两个分别叫王黎和陈昆的人，他们是邻居，祖祖辈辈都住在一起。一天夜里，王黎偷偷地将隔开两家的竹篱笆，向陈家移了一点，以便让自己的院子宽一点，而这恰好被陈昆看到了。

王黎走后，陈昆不但没有追上去大骂一顿，反倒将篱笆又往自己这边移了一丈，使王黎的院子更宽敞了。王黎发现后，很是愧疚，不但还了侵占陈家的地方，而且将篱笆往自己这边移了一丈。

陈昆的主动吃亏，让王黎感到相当内疚，他产生了“以小人之心度君子之腹”的感觉，这就欠下了陈昆的一个人情，即使他还了这个人情，但是每当他想起此事时，他还是会内疚，还是会想报答陈昆。

这个故事中，陈昆在看到邻居王黎的行为后，不但没有抓住机会“讨回公道”，反倒主动让给对方更大的空间，表面上是陈昆吃了点小亏，但实际上，他吃了亏，反而赢得了王黎的友谊和尊重。

在与人打交道的过程中，那些做事太过认真，爱较真，或者说是“死心眼”的人，在人际交往中总是吃不开。这就再次证明了“吃亏是福”确实是一剂人生“良药”。

主动吃亏说起来简单，但现实中又有多少人能真正做到？在面对利益争端时，谁又能真正退一步？那些礼貌用语，比如“对不起”“没关系”“没什么”，又有多少人真的把它们记在心中了？世间有多少人为了公车上的磕磕碰碰争得面红耳赤？为了一点蝇头小利，多少生意人争得你死我活？为了一点学术见地，又有多少人弃斯文于不顾？在那一刻，这些人有没有想到过“退一步海阔天空”的道理呢？

我们的世界那么绚烂，每个人都是独立的个体，任何人都不能把自己的思想强加于人，而我们又必须生活在一定的社会和集体中，这就需要我们学会包容和宽容，敞开心胸，绽开笑脸，接纳天下事，这时，心灵便比大地更厚重，比天空更广阔。

那么，我们该如何做到退一步呢？这需要设身处地地站在他人的角度来思考问题，或者多想想这件事情所带来的好处，凡事都有它的两面性。

其实，生活中有很多事都是我们无法掌控的。大家都想占便宜，又哪里有那么多的便宜让人来占呢？保持一颗平常心，吃得起亏，也许真的会成为人生的一大幸事。在交际中，我们也要学会忍耐包容，自己主动吃点亏，也是一个很好的交际方法，这会让我们在对方眼里变得豁达、宽厚，让我们获得更深的友谊，也会使对方更心甘情愿地帮助我们，为我们做事。

## 最简单的办法往往是最好的办法

生活中，我们在解决问题时有时会陷入死胡同，甚至会因此而产生放弃的念头，而之所以出现这种情况，是因为我们束缚了自己的思维，有时候，只要能化繁为简，就能找到突破口。

有这样一个有奖征答活动，题目是：一次，有三个人一起坐热气球旅行，这三个人都是能影响人类命运的科学家。第一位是核物理专家，他有能力防止全球性的核战争，使地球免遭灭亡。第二位是环保专家，他可以使人类免于因环境污染而死亡。第三位是粮食专家，他能在不毛之地种植粮食，使几千万人脱离因饥荒而亡的命运。但旅行到一半时，他们却发现热气球充气不足，不久后就会坠毁。因此，他们必须丢下一个人以减轻载重，使其余的两人得以存活，请问该丢下哪一位科学家？

因为奖金数额庞大，所以回信如雪片飞来。每个人都竭尽所能地阐述他们认为必须丢下哪位科学家的见解。最后，结果揭晓，巨额奖金的得主是一个小男孩。他的答案是：将最重的那位丢出去。

我们在赞叹小男孩的答案时，也不难得出这样一个结论：任何复杂的现象，其复杂的也只是表面，其内在都有一些一般性的规律，我们都可以找到简单的分析、处理方式。这就是化繁为简的过程，这个过程简单来说就是找寻规律、把握关键。

而我们发现，很多时候，我们在寻找解决问题的方法时，往往把问题考虑得过于复杂化，其实事情的本质是很单纯的。表面看上去很复杂的事情，其实也是由若干简单因素组合而成的。

所以，我们要看到思维的力量，主动锻炼自己的头脑，扩展自己的眼光和思维。因为这是一个脑力制胜的年代，谁的想法更高明，更有效，谁就更容易高效地做事，也更容易提升自己的价值。很多时候，一个金点子，花费不多，却拥有点石成金的力量。只有看到别人看不到的东西，才能做到别人做不到的事。灵活的头脑和卓越的思维为我们提供了这种本领，深入地洞察每一个对象，就能在有限的空间中，成就一番可观的事业。

事实上，我们任何人，无论做什么，都要有灵光的头脑，不能钻牛角尖。这条路走不通，不妨转换一下思维，反过来思考，先找出问题的本质。思维一变，天宽地阔。勤思考，善于逆向、转向和多向思维的人，总能找出解决问题的方法，总能以最少的力气，做出最满意的效果。

事实上，生活中的很多人之所以在某些事情上失败，就是因为他们一直在做无用功。如果你也是个不爱动脑的人，那么，不妨试着学会思考，你会发现积极思考有着惊人的力量，任何困难和失败均能通过它来解决，即使是那些杂乱无章的事情，只要运用思考的力量，也能将它们一一捋顺。思考不是“无用功”的代名词，而是“节能、省力”的法宝，希望你能以积极、灵活、多变的思维去摆脱困境，化解难题。

总之，面对看似杂乱无章的事情，只要你能开动大脑，跳出习惯的思维局限，就能抓住问题的实质，就会得出有价值的答案。

# 第2章

## 让心安静下来，烦恼自作云雾散开

身处于世，我们难免因为尘世中的琐碎事情而影响心情，我们的烦恼会不断增多。然而，细心的你可曾发现，生活中的很多烦恼，如果我们不去理睬，随着时间的流逝，久而久之，就会自动消散。而实际上，我们生活中的很多烦恼和痛苦都是因为想得太多，因此，我们都需要自我反省，看看自己是否因为顾虑太多而给自己平添了许多不快。

## 你的焦虑只是在折磨自己

德国的一位哲学家曾讲过这么一句话：没有什么情感比焦虑更令人苦恼了，它给我们的心理造成了巨大的痛苦。而焦虑并不一定是由实际威胁引起的，其紧张惊恐程度有时与现实情况很不相称。因此，通常来说，焦虑只是无谓的担心。我们要彻底摆脱使人苦恼的焦虑，就要选择平静身心。其实，只要我们凡事不多想，一般时过境迁，焦虑情绪便会自行缓解，不用过于担心！

林太太是个大忙人，她有一家洗衣店需要经营，还得照顾丈夫和儿子，为此，她每天忙得焦头烂额，但她却懂得调节自己的心情。“我的兴趣比较广泛，一切美好的事物，我都喜欢。也许正是因此，当我在工作、生活中遇到困难，感到太疲惫、太压抑、太困惑时，这些都能转移我的注意力，以免我胡思乱想。”

她说：“有时候，人不一定要在赚到很多钱后才能得到自己想要的东西。我没赚到太多的钱，也没花太多的钱，一样得到了快乐。在我工作遇到‘瓶颈’时，为了让自己不被工作的困顿压倒，我每天都会花半小时去弹钢琴，我很庆幸，父亲在我很小的时候就让我学会了体会音乐的力量。”

我们毕竟是吃五谷的凡人，哪会不遇到烦心的事呢？但只要我们保持内心平静，那么，无论外在世界怎么变化莫测，我们都能坦然面对，实事求是，做到不为情感左右，不为名利所牵引，从而洞悉事物的本质。

在现代社会中，面对激烈的竞争，面对瞬息万变的环境，那些内心焦虑的人往往看不清楚真正的自己，也就不能及时察觉自身的缺点，不能用最快的速度修正自己的发展方向，也必然会在学业和事业中落伍，被无情的竞争所淘汰。

而现实生活中，一些人在人生发展的道路上，并不能静下心来，焦虑的他们把命运交付到别人手上，人云亦云，盲目跟风。他们忽视了自己的内在潜力，看不到自身的强大力量，甚至不知道自己到底需要什么，不知道未来的路在哪里。于是，他们浑浑噩噩地度过每一天，一直在从事自己不擅长的工作，以至于踟蹰不前，一直没有成就。

别忘了，在闹市中，要想做到不断进步，就要放下焦虑的情绪，让心安宁下来，只有这样，才能够发现自己的缺点和做得不够好的地方，并加以改正，使自己不断进步，也才能够扬长避短，发挥自己的最大潜能，从而获得成功。

对此，我们应积极寻求克服焦虑的心理策略，下面的一些自我调节方法或许能帮你早日摆脱焦虑。

1. 尽可能地保持心平气和

有句俗语叫：欲速则不达。要摆脱焦虑最忌急躁，当然，对于那些有焦虑症的患者而言，这是有一定难度的。

2. 必须树立起自信心

那些易焦虑的人，通常都有自卑的特点，遇事时，他们多半会看低自己的能力而夸大事情的难度。而一旦遇到挫折，他们的焦虑情绪和自卑心理会更为明显，因此，我们在发现自己的这些弱点时，就应该引起重视并努力纠正，绝不能存有依赖心理，等待他人的帮助。有了自信心就不会害怕失败，如果十次之中成功了一次，就会增添一分自信，焦虑也就退却了一步。

3. 做好最坏的打算

谚语常说："能解决的事不必去担心，不能解决的事担心也没用。"这样一想，你会发现，在最坏的情况面前，也没什么可忧虑的，那么，你也就能变得积极了。

4. 挖掘出引起焦虑和痛苦的根本原因

研究发现，很多焦虑症患者患病是有一个过程的，他们的潜意识中长期存在着一些被压抑的情绪体验，或者曾经受到过某种心灵的创伤，并且，这些焦虑症状早就以其他形式表现出来了，只是患者本人没有对自己的情况引起重视。因此，生活中的我们，一旦发现自己有焦虑情绪，就应该学会自我调节、自我调整，把意识深处引起焦虑和痛苦的事情发掘出来，必要时可以采取合适的发泄方法，将痛苦和焦虑的根源尽情地发泄出来，经过发泄之后，症状就会得到缓解。

我们始终要记住，人生在世，很多事我们控制不了，但我们可以决定自己的心态，以乐观、积极的心态面对困难，那么不好的机会也会成为好机会。如果用消极颓废、悲观沮丧的心态去对待困难，那么你就会错失良机。

总之，人生的平淡和起起伏伏都是一种生命的轨迹，而只有内心平和的人才能体味其中的真谛，因此，我们不妨以平常心看待生活，用心去享受简单生活中的快乐和幸福！

## 世界上不存在绝对的完美

在我们生活和工作的周围，经常有这样一些人，他们为人处世处处小心，总是认为自己做事没做到完美，他们对自己要求过分严格。因为他们过于认真、拘谨，总是苛求自己，他们思虑太多，所以他们生活得很累。以高标准来要求自己的他们一旦某件事没有做到无可挑剔的程度，那么必定是吃不好也睡不好，总觉得心里不舒服。这种人就是我们常说的完美主义者。然而，我们要清楚的一点是，这个世界上并没有完美的人，也没有完美的事。

伟伟是一名医生，今年已经三十五岁了，虽然他帅气、多金，且工作好，但是仍然是单身。他相过不下一百次亲，周围的亲戚、朋友都替他着急，但他总是回答：“不急，我相信我能找到那个对的人的。”而当别人问他为什么没看上相亲对象时，他的答案更是千奇百怪，比如“她戴眼镜，视力不好，我怕以后会影响下一代”“她身高不到一米六五，带出去太没面子了”“逛街的时候她总买高档商品，这样的女人太拜金了”……最后，就连他最要好的朋友，也不敢为他介绍对象了，因为他实在太挑剔了。

和故事中的伟伟一样，在我们的生活中，这样择偶条件过于苛刻的人实在不少，当他人已经走入婚姻殿堂时，他们还徘徊在人生的十字路口，不知何去何从。身为完美主义者的他们，对于自己行为的解释是：“没有遇到对的人。”然而，那个完美的人真的存在吗？当然不存在！其实，爱情随时可能会到来，怕的就是你的爱人因为你的完美主义而打了退堂鼓。

其实，这样的人我们在工作中也不少见，他们之所以要求自己做到完美，多半是因为对自己有着过高的期望，他们十分在意周围人对自己的评价，他们害怕自己一旦失败，就会被人嘲笑或者让自己没面子。他们在执行的时候，总是在不停地问自己："如果再换一种方法呢，是不是更好？"结果，他们总是在尝试寻找最完美的方法。

其实，人生不可能事事都如意，也不可能事事都完美。追求完美固然是一种积极的人生态度，但如果过分追求完美，而又达不到完美，就必然会使人心生浮躁。过分追求完美往往得不偿失，而且会使事情变得毫无完美可言。

一个被劈去了一小块的圆，想要找回一个完整的自己，于是到处寻找自己的碎片。由于它是不完整的，只能很慢地滚动，因此，领略了沿途美丽的景色，它和虫子们聊天，充分感受阳光的温暖。它找到了许多不同的碎片，但都不是原来的那一块，于是它坚持寻找着。直到有一天，它实现了自己的心愿。

然而，作为一个完美无缺的圆，它滚动得太快了，错过了花开的时节，忽略了虫子的低语。当它意识到这一切时，它毅然舍弃了历尽千辛万苦才找到的碎片。

这个例子告诉我们：正视缺憾，拒绝完美，才令我们完整。因此，日常生活中的人们，不要太苛求自己了，允许自己犯错，允许自己不完美，你才会活得更加轻松自在。

的确，追求完美，也是一种追求进步的表现，如果人们都满足于现状，那我们将会止步不前。因此，追求完美并没有什么不好，相反，很多时候，精益求精对我们的能力、知识、经验等方面的发展都大有益处。但是，当你已经形成了追求完美的习惯后，你会发现，你做事的效率反而降低了。

要知道，我们不会因为一个错误而成为不合格的人。生命是一场球赛，最好的球队也有落后的时刻，最差的球队也有辉煌的时刻。我们的目标是尽可能让自己得到的多于失去的。那么，过分追求完美的人该如何去调整呢？

首先，不要苛求自己。你不要总是问自己，这样做到位吗？别人会怎么看呢？过分在乎别人的看法就是苛求自己，你会忽略自己的存在。

其次，要改变自己的观念。你需要明白一点，世界上没有完美的事，保持一颗平常心并知足常乐，才是完美的心境。换一种新的思路，尝试接纳不完美。

再次，要改变解压方式。当你心情压抑时，你要选择正确的方式发泄，比如唱歌、听音乐、运动等，而且你要抱着一种享受的心态直到坏心情发泄出来，这样你很快就会感受到快乐。

最后，让一切顺其自然。不要对抗生活，过于较真的人会活得很累，因此在思考问题时要学会接纳控制不了的局面，接纳自己经历的事，不要钻牛角尖。

总之，人生是没有完美可言的，完美只在理想中存在，生活中处处都有遗憾，这才是真实的人生。事实上，追求完美的人是盲目的。“完美”是什么？是完全的美好。这可能吗？哪里来的“完全”？更不要提“完美”了。既然没有“完美”，那又何必多想？立即执行吧！

## 烦恼都是自己给自己找的麻烦

有人说，世界上最难得到和最容易得到的东西都是快乐。快乐不需要理由，不快乐却有无数原因。快乐是一种能力，也是一种智慧。快乐的人最聪明。然而，生活中，我们每个人都会遇到一些烦恼，我们常常被这些烦恼困扰着，而事实上，这些烦恼都是我们自找的，因为我们想得太多。你可以追寻美好的生活，可以追寻甜蜜的爱情，但你绝不可以自寻烦恼。

可以说，一个简单的人总是能淡化烦恼、寻找快乐，他们豪爽，爱交际，朋友多；他们兴趣广泛，不会无所事事；他们爱运动，因为运动是快乐的添加剂，会直接带给人快乐；他们生性乐观豁达，积极进取，知足常乐；他们抗挫折能力强，他们总认为困难是暂时的，相信乌云遮不住太阳……

每个人都有七情六欲和喜怒哀乐，同样，人也有烦恼，这是避免不了的。但不同的人对待烦恼的态度却是不同的。比如，积极乐观者，一般很少自我烦恼，而且善于淡化烦恼，善于从烦恼中发现快乐之事。而悲观失望者却总是喜欢无病呻吟，一旦有了烦恼，就忧愁万千，牵肠挂肚，离不开，扔不掉，活得有些窝囊。

可见，大多数时候，人的烦恼都是自找的，有些问题其实根本不是烦恼，而是我们想得太多。举个很简单的例子，你已经是一名主管，管理着很大一批人，但你却一直想得到经理的职位，让你没料到的是，这一职位却被一名资历不如自己的人拿到了，你心里很不痛快。不过你忽视的一点是，主管的职位已经是令很多人羡慕的了，再说位高烦恼多，经理也有经理的烦恼，而且经理的烦恼未必少。还有的人为钱而烦恼，有了一万想两万，有了两万想三万……还是烦恼，可是你除了想过钱多有钱多的得意，有没有想过钱多有钱多的烦恼，钱少的或许没有钱多的那么神气，但钱少的也没有钱多的那么担忧。平民小户没有大富人家对盗贼绑架的担心，恐怕也少有为争夺家产使兄弟反目，甚至相残的悲哀。

当我们在为种种苦恼之事感到失落甚至掉泪时，其实快乐就在身边朝我们微笑。做一个快乐的人其实并不难，拥有一个幸福的人生也很简单，只要我们不自找烦恼。

从前，一位智者遇到了一个不喜欢他的人，这个人连续几天都跟着智者，并用各种方法辱骂智者，但奇怪的是，智者就像没听到这些似的，从不跟他计较。这个人很纳闷儿，并问智者是怎么做到的。

智者反问道：“若有人送你一份礼物，但你拒绝接受，那么这份礼物是属于谁的？”

这个人答：“属于原本送礼的那个人。”

智者微笑着说：“没错。若我不接受你的谩骂，那你就是在骂你自己。”

这个人恍然大悟，摸摸鼻子走了。

这里，智者要告诉我们的是，只要你对别人给你的烦恼采取不理不睬不接受的态度，那么无论别人如何谩骂你、如何对待你，都影响不了你的快乐，夺不走你的高兴。也就是说，生气其实就是拿别人的错误来惩罚你自己，真正的受害者也是你自己。因此，不要扰乱了自己的心，烦恼往往都是自找的。只要学会自我屏蔽，不胡思乱想，任何人都破坏不了你的好心情。

美国心理治疗专家比尔·利特尔经过研究认为：一个人若有以下心理或做法，必定会促使其自寻烦恼、无事生非。

1. 总把问题的原因归结于自己

你是不是认为别人不喜欢你是你的原因？你是不是认为同事被上级领导批评也是你的原因？把消极事件的原因都归结于自己，那么要不了多久，你就会烦恼成疾。

2. 顾影自怜，认为自己是殉难者

比如，你可能经常会听到家庭主妇们这样抱怨：“没有一个人真正心疼我，对我们家来说，我不过是个仆人而已。”而男人们也会抱怨道：“我的骨架都累散了，谁也不把我当回事，大家都在利用我。”要知道，经常这样想，必定会使你烦恼异常，而且会使周围的人感到厌烦，令你的感觉变得更糟。

3. 只做白日梦

最可怜、可悲的人莫过于那些总是做白日梦的人，如果不重新调整你的目标，那么，那些无法实现的目标会让你烦恼不断。

4. 制造隔阂

你不懂得怎么与别人友好相处，从未赞美过他人，总是挑刺儿、埋怨，好与人争论，这是制造隔阂、自寻烦恼的“妙法”。

5. 只看到消极面

不要总是把眼光放在你曾经受到过多少次冷遇上，也不要总是计算自己吃了多少次亏，如果你这样做，你就会运用这种消极的思想方式来给自己制造烦恼。

6. 总是拖延问题

问题一旦出现，你就要立刻解决，因为此时解决会很容易，而如果你采取拖延的方法，那么，问题只会像滚雪球一样越滚越大，最后一发不可收拾，因此不要认为“如果错过了解决问题的时机，索性再往后拖拖”。这样，只会使问题变得更糟，必定会导致你的愤怒和苦恼埋在心底几个月甚至几年。

可见，做一个快乐的人其实并不难，拥有一个幸福的人生也很简单，只要我们摒弃以上心理或做法。要知道，世界上没有一个人因烦恼而获得过好处，也没有一个人因烦恼而改善过自己的境遇，它只会损害我们的健康，消耗我们的精力，扰乱我们的思想，减少我们的工作效能，降低我们的生活质量。

## 行动是实现梦想的唯一途径

在现实生活中，我们不难发现一个现象，很多成功人士并不是高学历者，那些高学历者也并不一定能成功，这是为什么呢？其实，这与他们对待梦想的态度和行为息息相关。低学历者更注重实践，为了目标，他们制订好计划，然后一步一个脚印地努力，而一些高学历者则太过注重理论知识，他们会幻想太多，导致行动太少，这种现象在开放的社会已经较为普遍，我们并不是说这是一种必然，但也可以从一个侧面看出，光想不做是不会有好结果的。

曾经有哲人说过，“梦想指引我们飞升”。我们都知道梦想的伟大力量，但把梦想变为现实只有一个方法，那就是行动。

活在当下的人们，如果你希望自己成为一名成功者，那么从现在开始，你就得放下空想，给自己规划一个详细的人生目标，并按照自己现有的条件去为之奋斗。只要你这么想了，也这么做了，那么你的人生最终就会是成功的。否则，你永远只能“做梦”，而无法实现“梦想”。

古今中外历史上的每一个伟人，无一不是既拥有超前的思想又拥有超凡的行动力，并通过发挥自己的优势而赢得荣誉的。一句话，行动促就梦想。说一尺不如行一寸，也只有行动才能缩短自己与目标之间的距离，只有行动才能把理想变为现实。成功的人都把少说话、多做事奉为行动的准则，通过脚踏实地的行动，达成内心的愿望。

要知道，任何人都不会随随便便成功，要成功，就要突破，就不能安于现状。想有突破，就要从现在开始，一步一个脚印，逐步提高自己，抓紧时间，奋斗进取，你就能拼搏出属于自己的一片天地。同时，当你跨过人生的沟坎之后，你会发现，原来，一切困难都不过是前进路上的小石子，轻轻一踢，它们就滚开了。

的确，“空谈误国，实干兴邦”。大到国家，小到个人，万事万物都得由小到大。或许你现在做着看似不着边、没有前景的工作，但我们要坚信，事物发展的道路是迂回曲折的。巴斯德说过，“机会只偏爱那些有准备的人”，成功的秘诀在于现在就开始行动，决不拖延。行动高于一切！把握现在的瞬间，从现在开始做，心动不如行动。

“一切用行动说话”，这是我们每个人应该记住的。只有理想是不够的，理想必须付诸行动，如果没有行动，那理想永远只是空想，只是空中楼阁，海市蜃楼，永远遥不可及。

生活中的人们，也许现在的你也有很多梦想，你可能希望自己能成为一名著名企业家、人民教师、歌唱家等，但无论如何，你要知道，理想不同于妄想和幻想，目标要切实可行，行动要脚踏实地。这样，你离你的梦想就会越来越近。

因此，不管你的梦想多么高远，先做触手可及的小事。梦想是一个大目标，你需要做的是完成每天的小目标，这样，你朝大目标就近了一步，每前进一步，你就会增加一分快乐、热忱与自信，你就会消除一分恐惧，你就会更踏实，就会从积极的思考中获得积极的领悟，那么，就没有任何事情阻挡得了你。

## 倾听自己的内心，坚持独立思考

可能你经常会产生疑问：“为什么我总是碌碌无为？”但你想过没有，你能主宰自己的大脑吗？你是否在工作中人云亦云呢？对于未来的职场前景，你有自己的规划吗？可能一到需要选择的时候，你还是会轻易地听了别人的话，顺了别人的心。其实你应该懂得“鞋子合不合脚只有自己知道”，别人的意见只能是个参考。如果别人的意见轻易地左右了你的决定，那只能是你的错，不要事事都听别人的，你应该多听听自己的。

明朝的张居正有句名言：“天下之事，虑之贵详，行之贵力，谋在于众，断在于独”。当断不断，优柔寡断，往往会使你错失良机，贻误全局。切忌“筑舍道旁，无时可成”。

人应该是独立的，独立行走，使人类脱离了动物界而成为万物之灵。我们的成长过程应该是一个逐渐独立与成熟的过程，也应是一个不断培养情商的过程，高情商的人通常都有自己的主见，而不会人云亦云。

其实，许多事例证明，别人给予你的意见和评价，往往不是正确的。

音乐家贝多芬在拉小提琴时，宁可拉自己的曲子，也不愿做技巧上的变动，为此，他的老师曾断言他绝不可能在音乐这条道路上有什么成就。

20世纪最伟大的科学家爱因斯坦4岁时才会说话，7岁才认字。老师给他的评语是“反应迟钝，不合群，满脑袋不切实际的幻想”。

大文豪托尔斯泰读大学时因成绩太差而被劝退。老师认为他“既没有读书的头脑，又缺乏学习的兴趣”。

如果以上诸位成功人士不是坚持走自己的路，而是被别人的评论所左右，那他们就不会取得举世瞩目的成就。

我们不难发现，社会上有一些富家子弟，他们受到了教育的“温室效应”的毒害，教育的“温室效应”主要是指受教育者受到家庭、社会、学校，尤其是家庭方面的溺爱，造成他们性格中有任性固执、追求享受、独立性差、意志薄弱、责任感淡漠等弱点的社会现象。对于他们来说，克服自己对他人的依赖极为重要。

我们也应该获得启示，凡事靠自己，形成独立的性格，才能真正成长成一个顶天立地的人。为此，要培养自己做事有主见的性格，如果你是一个有依赖性的人，那么，从现在起，你必须学会自控，学会独立面对各种生活问题，为此，你需要做到以下5点。

1. 明白求人不如求己的道理

面对人生的困境，你要懂得，求人不如求己。总想着依靠他人的帮助，总想有人能在危难时搀扶你一把，你永远也无法完成任何伟大的事业。只有自主的人，才能傲立于世，才能力拔群雄，也才能开拓自己的天地。潜能激励专家魏特利曾说过这样的话：“没有人会带你去钓鱼，要学会自立自主。”

2. 不要总是指望他人的帮助

不可否认，人生在世，总要或多或少地依靠他人的帮助，比如，父母的养育、师长的教诲、朋友的关爱、社会的鼓励……可以说，人从呱呱坠地那一刻起，就已开始接受他人给予的种种帮助。然而，许多人却把自己立身于社会的希望完全寄托在父母和朋友的身上。这样的人，显然不可能在生活上自立自强、在事业上有所作为。有句话说：靠吃别人的饭过日子，就会饿一辈子。

3. 不要再随波逐流

我们要有主见，就不能凡事都随大流，碰到挫折便畏缩不前，盲目地听从别人的意见，这样就失去了“自我”，失去了个性，成为别人的尾巴，只能听别人摆布。为了满足他人的爱好，而不惜天天戴着精心制作的假面具，违背自己的人格，失去了做人的独立性而成为奴隶，这样活着有什么意义和价值呢？

如果你想在职场中做出一番成绩，就必须全面、正确地认识客观事物，通过由表及里，由此及彼，去粗取精的过程，抓住事物发展的规律，结合自身的条件，制定符合实际的理想和奋斗目标，在实施中根据客观事物的发展变化修正理想和目标，从而使人生幸福之路永远长青。

4. 要学会独立思考

聪明的人都有独立思考的习惯，他们不会人云亦云，而是会用自己的大脑去思考。

5. 有主见并不是固执己见

有主见，不是让你成为孤家寡人，不是让你坚持错误，更不是让你不听别人的意见。相反，坚持主见就是要虚心听取和接受正确的意见，有则改之，无则加勉。同时，我们要善于把个人的观点讲给别人听，这样才能取得别人的认同、支持和帮助。另外，只有从实践中来再到实践中去，才能不断去完善、发展和升华个人主见。

英国历史学家弗劳德曾说："一棵树如果要结出果实，必须先在土壤里扎下根。同样，一个人首先要学会依靠自己、尊重自己，不接受他人的施舍，不等待命运的馈赠。只有在这样的基础上，才可能获取成就。"因此，我们切不可一味地依赖和顺从他人，而必须要有自己的主见，培养自己独立行动和思考的能力。

## 顾虑太多，行动就会搁置

在生活中，相信每个人都有自己的梦想或目标，也就是一个指引人们行动的方向，然而，最终能达到自己目标的却只有少数人，大部分人还是一生庸庸碌碌。究其原因，是很大一部分人缺乏立即执行的精神。他们在行动前，就开始产生焦虑：万一失败了怎么办。这样的人永远都不会有什么成功，只会与目标渐行渐远。所有的成功者都有着果断的执行力。可能一直以来，你都认为自己是个勇敢的人，但一旦到了真正可以表现自己勇气的时候，你却左右迟疑、不敢付诸实践。其实，这不是真的勇敢。因为勇敢不是停留在言语上，而是要付诸运动，放手去做的。

同样，在我们现实的工作中，一些人就是因为想得太多而迟迟不敢着手做手头上的事，他们宁愿承认自己没有付出足够的努力，也不愿意承认自己能力不足，他们为自己寻找各种借口，到最后，他们就能名正言顺地不必承担失败的责任。

尼采说："世间之恶的四分之三，皆出自恐惧。是恐惧让你对过去经历过的事苦恼，让你惧怕未来即将发生的事。"的确，我们任何人只有做到不念过往、不畏将来，才能变得勇敢。

很多时候，消除恐惧的方法就是做个痛快的决定，只要想做，并坚信自己能成功，那么你就能做成。

现在，你是否觉得你的担心简直是无聊至极的呢？那么，现在你还担忧什么呢？

因此，我们发现，其实消除焦虑、立即行动乃至获得成功的钥匙就掌握在我们自己手中，只要我们积极主动一点，那么，幸福与快乐触手可及。在做事的过程中，一些人总是担心失败后的情况，因此产生了不必要的焦虑和拖延行为，但实际上，我们谁也不必去担忧明天，我们要做的就是把握当下。

# 第3章

## 目标明确，才能一路奋勇向前

我们都知道，梦想的实现并不是一蹴而就的，而是建立在完成阶段性目标的基础上的，需要以奋斗为基石，所以我们需要制订目标和计划，有了计划和目标，我们的行动才有指引。就连那些指挥作战的军事家们，他们在战斗打响前，也都会制定几套作战方案；企业家在产品投放市场前，也会制定营销方案，做好一系列的市场营销计划。我们无论做什么都是如此，制订目标和计划是实现最终成功的关键，否则，想得再多也是徒劳，都是泡影，只有在清晰的目标的指引下，我们才能一步步朝着梦想迈进。

## 尽早确立自己的梦想和目标

生活中，我们周围的每一个人都是一个单独的个体，人与人虽然没有优劣之分，但却有很大的不同。这世界上的路有千万条，但最难找的就是适合自己走的那条路。每一个人都应根据自己的特长来设计自己的路，量力而行，根据环境与条件，应努力寻找有利条件。不能坐等机会，要自己创造机会。拿出成果来，获得了社会的承认，接下去的事情就会好办一些。每个人都应该尽力找到自己的最佳位置，找准属于自己的人生跑道。当你的事业受挫，不必灰心也不必丧气，相信坚强的信念定能点亮成功的灯盏。

很多成就卓著的人士的成功，首先得益于他们充分了解自己的长处，能根据自己的特长来定位或重新定位自己。但在对自己进行准确定位前，你需要做的就是果断地放弃自己现在所不擅长的道路。

奥托·瓦拉赫是诺贝尔化学奖获得者，他有着传奇的成才过程。

在他还在中学读书时，他的父母希望他学习文学写作，然而，一个学期过去了，老师在给他的评语中这样写道：“瓦拉赫很用功，但过分拘泥，这样的人即使有着完美的品德，也绝不可能在文学上发挥出来。”

如此，他的父母只好决定尊重老师的意见，让他改学油画。可瓦拉赫既不善于构图，又不会润色，对艺术的理解力也不强，成绩在班上是倒数第一，学校的评语更是令人难以接受：“你是绘画艺术方面的不可造就之才。”

面对如此“笨拙”的学生，绝大部分老师认为他已成才无望，只有化学老师认为他做事一丝不苟，具备做好化学实验应有的品格，建议他试学化学。

父母接受了化学老师的建议。这不，瓦拉赫智慧的火花一下就被点着了。文学艺术的“不可造就之才”一下子变成了公认的化学方面的“前程远大的高才生”。在同班学生中，他的成绩遥遥领先……

可见，成功是多元的，并没有贵贱之分，适合自己的、自己擅长的就是最好的，也便是成功的。瓦拉赫的成功，说明这样一个道理：人的智能发展都是不均衡的，都有智能上的优点和弱点，人一旦找到自己的智能最佳点，使智能潜力得到充分发挥，便可取得惊人的成绩。幸运之神会垂青忠于自己个性长处的人。松下幸之助曾说，人生成功的诀窍在于经营自己的个性长处，经营长处能使自己的人生增值，否则，必将使自己的人生贬值。他还说，一个卖牛奶卖得非常火爆的人就是成功，你没有资格看不起他，除非你能证明你卖得比他更好。

成功学专家罗宾曾经在《唤醒心中的巨人》一书中非常诚恳地说过：“每个人都是天才，他们身上都有着与众不同的才能，这一才能就如同一位熟睡的巨人，等待我们去敲响能唤醒他的钟声……上天也是公平的，不会亏待任何一个人，他给我们每个人以无穷的机会去充分发挥所长……这一份才能，只要我们能支取，并加以利用，就能改变自己的人生，只要下决心改变，那么，长久以来的美梦便可以实现。”

尺有所短，寸有所长。一个人也是这样，你在这方面弱一些，在其他方面可能就强一些，这本是情理之中的事情，找到自己的优势和承认自己的不足一样，都是一种智慧。其实每个人都有自己的可取之处。比如说你也许不如同事长得漂亮，但你却有一双灵巧的手，能做出各种可爱的小工艺品；比如说你现在的工资可能没有大学同学的工资高，不过你的发展前途比他的大；等等。

所以，一个人在这个世界上，最重要的不是认清他人，而是先看清自己，了解自己的优点与缺点、长处与不足等。搞清楚这一点，就是充分认识到了自己的优势与劣势，就会容易在实践中发挥比较优势，否则，无法发现自己的不足，就会使你沿着一条错误的道路越走越远，而你的长处，却被你搁浅，你的能力与优势也就受到限制，甚至使自己的劣势更加劣势，使自己立于不利的地位。所以，从某种意义上说，能否认清自己的优势，是一个人能否取得成功的关键。

当然，要想发挥自身的优势，首先要做肯定自我价值，这有助于我们在工作中保持一种正面的积极态度，进而转换成积极的行动，无疑是一项超强的利器。

## 没有目标的人只能四处游荡

在韩国首尔大学，有这样一句校训：“只要开始，永远不晚。人生最关键的不是你目前所处的位置，而是下一步迈出的方向。”这句话的含义是，任何理想不经过实践和行动的证明，都将是空想。只要你找准方向，立即行动，任何理想都有实现的可能，相反，没有方向的路，走得再多也是徒劳，因此，我们能看出目标在我们追求理想的过程中所起到的指引作用！

而实际上，生活中有很多人因为无法承担追求梦想所产生的困难和痛苦，而去追求安稳的生活，每天两点一线，上班、回家，回家、上班，逐渐对梦想失去了激情，而当他们看到他人风光无限或是衣食富足时，又嫉妒得要命。天上不会掉馅饼，即使掉了也不一定会砸到你的头上，凡事有因才有果，你付出了才能有收获，安于现状、不思进取却又企望富贵发达，这就是“白日做梦”。

正在为成功而奋斗的人们，从现在起，你只需树立一个正确的理念，并调动你所有的潜能加以运用，便能脱离平庸的人群，步入精英的行列之中！为此，你可以记住以下两点。

1. 关注未来，不要满足于现状

独具慧眼的人，往往具备人们所说的野心，是不会被眼前的蝇头小利所诱惑而放弃追求梦想的，他们一般会用极有远见的目光关注未来。

2. 不要把梦停留在“想”上

梦想可以燃起一个人的所有激情和全部潜能，载他抵达辉煌的彼岸。但有了梦想，不要把“梦”停留在“想”上，一定要付诸行动，制订目标，这才可以带给你真正需要的方向感。否则，你只能漫无目的地四处游荡。

诚然，我们都渴望成功，都有自己的梦想，但梦想并不是参天大树，而是一颗小种子，需要你去播种、去耕耘；梦想不是一片沃土，而是一片蛮荒之地，需要你在上面栽种上绿色。

如果你要想成为社会的有用之才，你就要“闻鸡起舞”，甚至要“笨鸟先飞”；如果你想著出精神之作，就需要你呕心沥血……梦想的成功是建立在完成阶段性目标的基础上的，需要以奋斗为基石，如果你要实现你心中的那个梦想，就行动起来吧，去为之努力，为之奋斗，这样你的理想才会成为现实。

## 职业规划让你的工作更有动力

人活于世，任何人都有人生的目标。同样，身为职场人士，我们也应该有自己的职业目标，职业目标是引领职业成功的关键。并且，在未来，你走的职业之路并不一定是按照你的职业规划来进行的，在这样的情况下，做职业规划就更有必要了，因为只有这样，你才能清楚地知道自己当下所处的位置，才能看清自己现在的状况是不是偏离了长期目标，才能及时做出调整。最重要的是，目标指导行动，任何一个有抱负的职场人都绝不会允许自己有拖延的习惯，从这一点看，我们也要为自己做好职业规划。

小李已经毕业两年了，在这两年内，她已经跳了五次槽了。在这两年的时间里，她先后从事了四份性质不同的工作：民办学校的教师、教育机构的咨询员、办公器材的销售员、保险的推销员。这四份工作中只有教师与她的专业对口，其他都是在招聘单位急需用人她也急需工作的时候应聘的，那时单位不考虑她的专业，她也不考虑工作的性质，她只看薪水和招聘单位的承诺，只要薪水合适或者未来的薪水可以达到她的标准，她就做。

就这样，她就像走马灯似的换了四家单位，换了四种工作。

这一次，小李拿着她的中文简历找到一个猎头，希望猎头能为她翻译成英文简历。她说她看好了一家各方面都不错的外资企业，薪水尤其诱人，所以想制作一份英文简历试试运气。

这位猎头一看这份简历，发现还是小李大学毕业时用的，只是在工作经历一栏多了几行字，也只有从工作经历里才能看出这不是一个应届毕业生。猎头摇了摇头。

这里，单从小李工作的种类上来看，她所从事的职业无疑是丰富的，经历也是复杂的。但是这种经历在质量上很难让人信服，实在是缺乏说服力。为什么会这样呢？因为她没有明确自己的职业目标，不知道自己要做什么，能做什么，最终导致失去了职业方向。

小李的经历说明，我们要掌握在职场的主动权，最主要的就是要有一份职业规划。你需要明确制定未来三年、五年甚至十年二十年的职业目标，给自己的职业生涯一个定位。这就是职业规划的作用，它使你能时刻感知到你自己的存在。

所谓的缺乏职业规划，就是指职场人士在步入职场之前或者在职场中时，缺乏对自己能力和发展的明确认识，更没有认清自己所处的职场环境。很多职场人士，他们往往处于这种“不知己不知彼”的状态中，走一步算一步，不知道自己未来的走向如何，更不知道自己可以朝着哪个方向走。不少人连初始的职业选择都存在着困难，很多人不知道自己能干什么，适合干什么，喜欢干什么。其结果，就是做了一份自己不愿意做的工作，或者是做了一份不适合自己做的工作，可以想到，这样只会逐步失去工作热情，导致工作散漫和拖延，前途肯定堪忧。

那么，一个完备的职业规划该怎样做呢？

我们每个人都可以给自己定一个长期的目标和短期的目标，综合起来就是职业规划，长期目标指的是你到某一年龄段要达到的目标，而短期目标则是当下或者近期你想达到的，两者并不矛盾，而是统一和谐的。

但是，在制订目标之前，你首先要做的就是了解自己。一方面是了解自己的能力和特长，另一方面是了解自己的性格特点及兴趣爱好，看能否进行完美结合。如果不能，那么应该偏向于哪个发展角度就需要自己理性选择了。

为此，你首先要清楚地知道自己能做什么。这是基础，而喜欢做的事情却未必就有机会去做，或者说，适合自己做的事情也未必有机会去做。比如，通过职业倾向性测试可以了解自己适合做什么行业，但是现实却未必能给自己这个机会。

还有，你要了解自己的兴趣。至于自己喜欢做的事情，可以作为长远规划来处理。

现代管理学之父彼得·德鲁克有一句话："我们大大高估了自己一年以后能够做到的事，却大大低估了五年以后自己能够做到的事。"

最后，职业目标可以根据以下内容进行制定：

长期目标（5年、10年或15年）：这个目标会为你指引前进的方向，因此，这个目标是否合理，将决定你很长一段时间内是否是在做有用功。当然，长期目标还要求我们不可拘泥于小节。东西离你越远，就显得越不重要。

中期目标（1—5年）：这个目标应是当下最理想、最切实可行的。如你希望自己能拥有房子、车子、升职等，这些就属于中期目标。

短期目标（1—12个月）：完成这些目标就好比是在一场淘汰制比赛预赛中的胜出，它能鼓舞你不断努力、不断前进。这些目标提醒你，成功和回报就在前方，鼓足干劲，努力争取。

即期目标（1—30天）：它们是你每天、每周都要确定的目标。每天当你睁开眼醒来时，你就需要告诉自己：今天我要突破自己的哪些不足，而当你有所进步时，它能不断地给你带来幸福感和成就感。

因此，每一个身处职场的人都要先问问自己：五年之后、十年之后、二十年之后我的职业目标是什么？要达成这些目标，我还需要补充什么？意向中的那个职位究竟在哪些方面能帮助我提升？了解了这些，也许对你职场前景的转换更有帮助。

## 善于规划，细节也要考虑周全

古人云："凡事预则立，不预则废。"大到国家，小到个人，做事时都必须要有计划性，只有做到缜密行事、步步为营，才能让自己多一分胜算，想要把一件事情做好，一般都要经历资料收集、深入调查、分析研究，最终下结论这样一个过程。

我们已经肯定了理想和愿望在追求成功的道路上的重要性，因此我们要趁早立志，为未来而奋斗，不要让未来的你讨厌现在的自己，要不断为自己设置更高的标准，只有这样，才能取得令人满意的出色成果。但我们需要明白的是，这一愿望的实现必须要有一个清晰的规划，要考虑周全。

很久以前，在黄河岸边，有一座村庄，这座村庄的村民经常受到黄河水患的祸害，于是，为了防治水患，这座村庄的村民们在黄河岸边筑起了巍峨的长堤。

一天，一个老农民在大堤上发现了好几个蚂蚁窝，老农民心想，这些蚂蚁窝会不会对黄河大堤产生一些负面影响呢？于是，他把自己的担忧告诉了自己的儿子和村里人，但他们听后不以为然地说："那么坚固的长堤，还害怕几只小蚂蚁吗？"于是，老农也放心地耕地去了。

谁知道，当天晚上就下起了大雨，黄河水暴涨。咆哮的河水从蚂蚁窝开始渗透，继而喷射，终于冲决长堤，淹没了沿岸的大片村庄和田野。

这就是"千里之堤，溃于蚁穴"这个成语的来历。在我们生活的周围，也有一些人或事因为细节上欠缺考虑而导致"满盘皆输"。这告诉我们，在实现梦想的过程中，我们要做到思虑周全，忽略细节容易导致功亏一篑。当然，想做好生活中的每一件小事也并不容易。

然而，生活中有不少人却始终改不了粗心的毛病，思考问题时思路紊乱，东拉西扯，始终是稀里糊涂，生活中也是粗心大意。而结果只能是事情做不到尽善尽美。长此以往，也就形成了一些不良的行事习惯，成功更加遥遥无期。

可能你会天真地认为，那些小问题怎么会影响到大局呢？的确，只是一些细节问题，比如，一个小数点，但你要明白，一个小数点的遗漏不仅会影响你这道题的演算结果，甚至会影响一笔巨大的投资款项。因此，从现在起，你一定要培养自己关注细节的习惯，一件事情，如果你做到了99%，就差1%，这细微的1%也会导致你无法做到突破，甚至是功亏一篑。

的确，没有条理、做事没有秩序的人，无论做哪一种事业都没有效率可言。而有条理、有秩序的人即使才能平庸，他的事业也往往有相当的成就。

拿破仑是一位传奇人物，这位军事天才一生之中都在征战，曾多次创造以少胜多的著名战例，至今仍被各国军校奉为经典教例。然而，1812年的一场失败却改变了他的命运，从此法兰西第一帝国逐渐走向衰亡。

1812年5月，在欧洲大陆上取得了一系列辉煌胜利的拿破仑离开巴黎，率领浩浩荡荡的60万大军远征俄罗斯。法军凭借先进的战法、猛烈的炮火长驱直入，在短短的几个月内直捣莫斯科城。然而，当法国人入城之后，市中心燃起了熊熊大火，莫斯科城的四分之一被烧毁，6000多幢房屋化为灰烬。俄国沙皇亚历山大采取了坚壁清野的措施，使远离本土的法军陷入粮荒之中，即使在莫斯科，也找不到干草和燕麦，大批军马死亡，许多大炮因无马匹驮运不得不毁弃。几周后，寒冷的天气给拿破仑大军带来了致命的诅咒。在饥寒交迫下，1812年冬天，拿破仑大军被迫从莫斯科撤退，沿途大批士兵被活活冻死，到12月初，60万拿破仑大军只剩下了不到3万人。

关于这场战役失败的原因众说纷纭，但谁又能想到是小小的军装纽扣起着关键的作用呢？原来拿破仑征俄大军的制服，采用的都是锡制纽扣，而在寒冷的气候中，锡制纽扣会因低温化为粉末。由于衣服上没有了纽扣，数十万拿破仑大军在寒风暴雪中形同敞胸露怀，许多人被活活冻死，还有一些人得病而死。

拿破仑的失败，验证了人们说的“成也细节，败也细节”，细节能带来成功，同时也能导致失败。细节就好比是精密仪器上的一个细微的零部件，虽然只是一个细小的组成部分，但是却起着至关重要的作用，一旦这个“零部件”出错，那就意味着全盘皆输。

曾经，有位管理专家一针见血地指出，从手中溜走1%的不合格，到用户手中就是100%的不合格。为此，员工要自觉地由被动管理转为主动工作，让规章制度成为每个职工的自觉行为，把事故苗头消灭在萌芽之中。也曾有位商界名家将“做事没有条理”列为许多公司失败的一大重要原因。

也许在每个人心中，都有一个伟大的梦想，但成功并不是一蹴而就的，没有人能随随便便成功，这就要求你形成周密的思维习惯，做事没有条理，同时又想把蛋糕做大，这是不可能的。只有步步为营、严谨行事，才能做到更有条理、更有效率。

要想把事情做到最好，你必须在心中为自己设定一个严格的标准，并且，在做事时你一定要按照这个标准来执行，决不能马虎。另外，在做任何一项决策前，都一定要思虑周全，并进行广泛的调查论证，广泛征求意见，尽量把可能发生的所有情况考虑进去，以尽可能避免出现1%的漏洞，直至达到预期效果。

## 脚踏实地地走好每一步

关于未来，可能不少人都有很多幻想，人们豪气万丈地为自己编织着美好的未来，或希望自己成为某个行业的精英，或希望能拥有自己的事业等。树立理想是好事，它可以匡正你的言行，让你的努力都有一个明晰的主线，但无论如何，你千万要记住，只有脚踏实地才是实现梦想的唯一途径，对理想的憧憬，也千万别过了头。

如果你每天都把大把的时间花在展望自己的未来上，而不制订实现梦想的计划，那么，梦想的实现最终也只会遥遥无期。

爱因斯坦说：“人的价值蕴藏在人的才能之中。在天才和勤奋两者之间，我毫不迟疑地选择勤奋，它是几乎世界上一切成就的催产婆。”梦想的实现是一个过程，是将勤奋和努力融入每天的生活、工作和学习中，它没有捷径，它需要脚踏实地。

著名的心理学教授丹尼尔·吉尔伯特认为：当一个人憧憬未来，在他看来，他似乎已经经历了那种美好，但实际上，这不过是一个想象的黑洞，是虚无的。的确，对于未来的过分憧憬，反而会抹杀自己对未来的理性预测。

没有人可以不采取任何行动就收获成功，真正的喜悦也是来自实践。哈佛大学的心理学家认为，当人们尝试着估计自己能从未来的经历中获得多大的乐趣时，他们已经错了。人生只有经历过，才能品味出真实的味道，也只有脚踏实地地看待生活，才会活出自己。

一直以来，人们都赞赏那些有伟大梦想、眼光长远的人，但很多人在憧憬未来时，难免有几分浮躁之气。有时候，当事情还没做到一半时，他们就认为自己已经大功告成，开始飘飘然了。急功近利，只讲速度，不讲质量，看不起眼前的小事，认为如此做不出什么名堂来的人，是很难获得成功的。

著名的夏普电视机生产于日本的早川电机公司，这家公司的董事长早川德次是个命途多舛的人，就在他还在读小学二年级时，他的父亲就去世了，他不得不去一家首饰加工店当童工。

早川是个坚强的人，在他很小的时候，他就告诉自己，即便自己没有长辈疼爱，也一定要努力生活、做出成绩。他在首饰店打工的这段日子是艰辛的。时间过得很快，一晃四年过去了，有一次，小早川终于鼓起勇气向老板提出：“老板，请您教我一些做首饰的技术好吗？”

老板一听，生气地对他说：“小孩子，你能干什么呢？你喜欢学的话，自己去学好了！”

早川一想，是啊，为什么要靠别人，自己去学吧！于是，从那以后，他开始留心店里的技术活，尤其是当老板找他帮忙时，他都尽量多看、多想，慢慢地，他终于靠自己的努力学到了一些工作上的知识和技能。

功夫不负有心人，他成了一个耳聪目明的人，18岁他就发明了裤带用的金属夹子，22岁时发明了自动笔。他有了发明，老板便资助他开了一家小工厂。

他发明的自动笔很受大众喜爱，在全国风靡一时。世界没有给他任何东西，但他却给了世界很多。30岁时，在他赚到1000万日元以后，就把目标转向收音机界，建立了早川电机公司。

早川德次为什么能够成功？因为他能够从零学起，能脚踏实地、一步一个脚印地把梦想付诸实践。所以，想要实现梦想，就必须脚踏实地地去努力奋斗，纵使前路漫漫，荆棘丛生，也要坚持走下去，切不可行不从径。因为成功无捷径，没有人能一步登天。

俗话说："日日行，不怕千万里；常常做，不怕千万事。"这句话告诉我们做任何事情，都要脚踏实地，一步一个脚印，循序渐进，这样才能收获成功。因此，不管你的梦想有多高远，也必须行远自迩，先从身边触手可及的小事做起，然后一步一个脚印地投身实践，为以后的成功打下坚实的基础，终有一日你会实现自己的梦想。

的确，知识、能力、经验的积累，就像建造房子，从砖到墙、从墙到梁，是一个循序渐进的过程，任何能力和知识的得来都不是一蹴而就的，也不是下了决心就能获得的，这是一个长期的过程。实际上，无论做什么都要坚持，水滴就能穿石，每天进步一点点，并不是很大的目标，也并不难实现。也许昨天，你通过努力学习获得了可喜的成绩，但今天你必须学会超越，超越昨天的你，你才能更加进步，更加充实。人生的每一天都应该充满新鲜的东西。

我们关于梦想的勾勒应该是这样的：我目前拥有什么，我从哪里做起才能让自己的生活发生一些正面的变化。

在生活中，可能你也看到不少人一夜成名，但如果你能细究一下，你会发现，他们的成功绝不是偶然的，正如有人说的：“没有人能随随便便成功。”他们为了实现梦想早已投入无数心血，打好坚固的基础了。相反，也有一些人，他们也曾雄心壮志、誓要成就一番事业，但终其一生却碌碌无为、两手空空。差异产生的原因就在于行动，从身边的小事开始做起、注重实践，就会出现意想不到的机遇。

因此，我们需要明白的是，梦想的实现，需要你一步一个脚印地积累。因为进步是一点一滴不断努力得来的。我们需要从现在起，树立最适合自己的、切合实际的梦想，才能达到激发潜能，推动人生发展的目的。

# 第4章

## 抱怨不如改变，把命运给予的都当作馈赠

现实生活中，总有人一味沉溺在已经发生的事情中，不停地抱怨，不断地自责。这样一来，只会将自己的心境弄得越来越糟。这种对已经发生的无可弥补的事情不断抱怨和后悔的人，注定会活在迷离混沌的状态中，看不见前面一片明朗的人生。为此，对于既定状态，我们要学会接受现实，然后告别抱怨，才能卸下沉重的负累。

## 内心平静，知足才能常乐

在不少现代人的认知中，自己身体健康，有一份稳定的工作，每个月都有收入进账，家庭圆满，与恋人关系和美，不用为柴米油盐和疾病伤痛等杂事操劳费心，就是生活得“比较好”的状态。当然，有些人还有更高的要求，认为这还不是让他们心满意足的状态。即便对于那些初入社会的年轻人来说，关于如何生活才会快乐这一问题，不同的人也会有不同的答案。生活中的一些人，当他花500元就能买到精致的衣服时，却仍然会迫不及待地用半年薪水去换一款高档服装；虽然已经住上了让很多人都羡慕不已的两室一厅，但还想买一套100多平方米的复式新居……但得到这些后，就真的幸福了吗？是的，人的欲望本来就没有止境，因此，要想让自己真的幸福起来，还需要你做到知足，知足才能常乐。

陈云大学毕业后就考入了一家事业单位，在外人看来，她拥有一份好工作，有着靓丽的外表，还有个对她好的男朋友，大家都很羡慕她。可是，一直以来不知道为什么，她总是闷闷不乐、郁郁寡欢。然而，经过一次事情之后，她心中的那些郁结就都被打开了。

那次，一个在深圳打工的姐妹为了能让她快乐起来，就邀请她去深圳玩。千里跋涉，坐了一天一夜的火车，在一个阳光灿烂的清晨，灰头土脸的陈云终于出现在来车站接她的好友面前。看到朋友衣着得体，容光焕发的样子，她更觉得自己很卑微。

和朋友见面后，朋友和陈云聊起了自己刚来深圳的那段日子。那年，她独自一人来到这人生地不熟的大城市。初来乍到的她，东奔西跑了好多天，但却找不到一份工作，眼看带来的钱越来越少，她急得焦头烂额。这时，有个好心的人告诉她，某地有个叫张奶奶的老人，办了一个让外出人员临时居住的地方。在那儿住一个晚上只要两元钱，很便宜！于是，朋友找到了那里，住了下来。后来才在一个工厂找到一份活儿。做了几个月，她觉得工厂里活儿重，又没多少钱，就不想做了。后来，有个工友说：你如果有两三万元钱，就去把当地人的出租房包下来，再租给外出打工的人，做个二房东。如果运气好的话，能挣一些钱的。受此点拨，她心动了。于是，她从亲朋好友那儿借了一点，再加上自己的一些私房钱，第一次包了一幢房子来管理。一年下来，除了开销还真挣到了两万多块钱。脚跟站稳后，她把下岗的哥哥和在家中务农的表姐表弟们都带出来了。

说着说着，朋友就带着陈云来到了刚开始她住的地方。到了那个地方后，陈云看见了一个弄堂，一扇大门打开着，简陋且凌乱的房间里铺满了草席和被子。有几个妇女正席地而坐，在那儿边聊天，边织着毛衣，聊到高兴处还哈哈大笑起来。陈云想，住在这有点像"包身工"住的地方也笑得出来？真不明白她们是怎么想的。

陈云忍不住问其中一个妇女："你们出来打工，住这样的地方不觉得苦吗？"女人听了这没头没脑的话，就上下把陈云打量了一下，才说："我不感到有什么苦呀，比起那些成天躺在床上，连吃饭拉屎都要靠别人的人来说，不知要幸福多少倍！怎么说呢？我们有力气，能干活，能吃能睡，能说能笑，多好！"经过交谈才知道，女人来自贵州，先是在一家医院看护一位瘫痪的病人，不久前那位病人过世了，又正逢要过年了，找不到事做，就住到这儿来了。女人几句朴实无华的话确实让陈云感动。

现在的陈云已经变得开朗、快乐多了。时过境迁，她经常会想起那个贵州女人的话。

这个故事也让我们认识到，压力往往来自我们自身。幸福和快乐与否并不在于我们生活的环境有多好，也不在于我们拥有的金钱有多少、学识有多高，而在于我们的心境，心境好了，哪怕你一无所有，也会因为拥有清风明月而感到幸福快乐。就像那位贵州妇女，生活在那样的苦境中，也能拥有努力生活所带来的欣喜，觉得自己是快乐幸福的。

生活中，可能很多人都曾经有过以下的经历。

很多年前，你的生活很是窘困，那时你会想，世界上最幸福的人会是什么样呢？在疑问中，你可能不知不觉间就为自己今后的幸福建立了目标：

一、能有自己的住房和一辆私家车。

二、自己做一个小店的店主，使生活相对过得安逸一些。

三、有一个年轻貌美的妻子和一个可爱的儿子。

四、实现了一个目标并取得了一定的成绩。

可能这四种幸福的目标会在后期的工作和生活中一一实现，可你真的感到幸福了吗？你是不是觉得自己依然每日在不知所措地活着，是不是觉得自己的目标还没有实现？那些短暂的喜悦过后，你是不是依然觉得自己所有的努力和奋斗并不能真的让你感受到快乐？

对此，你思考过没有？如果你没有那么多的追求，懂得享受当下的幸福，那么，现在又会是什么样的心情呢？

哲人说过，生活中缺少的不是美，而是发现美的眼睛。同样，生活中缺少的不是幸福，而是人们不懂得放下，不知道满足。只有放下无止境的欲望，保持一颗平常心，学会享受阳光雨露，才能感知幸福。

生命只有一次，而且时间是有限的，人生在世只有短短的几十年而已。所以，每个人都应该珍惜自己的生命，在有限的时间里不要让自己太疲惫，要让自己过得快乐一点。人活一世为了什么？就是为了快乐，快乐是人生最大的财富。

## 停止抱怨，开始努力

生活中，我们常常听到一些人抱怨“哎！每天都在重复这些工作，真是浪费生命！”“为什么每次都让我去处理这些事！”“什么时候才能给我涨点工资呢”……他们对工作似乎一点也不满意，而实际上，你在抱怨不满时，应该适当地反省。为什么自己会有这样那样的不满？是不是因为自己做得不够好？从这些方面来说，对现状不满，才能让你产生努力寻求改变的欲望，所以，欲望也可以作为一个加速器，加速自己的成功。只要你能够通过抱怨看到自己的缺点，你就会进步。

事实上，聪明人懂得通过抱怨来反省自己，接纳生活，让生活变得更美好。反省自己的聪明人，看到自己的缺点，一定会更加努力。

同样，处于某种环境下的人们，当你因为抱怨环境太糟糕而一味地拖延时，为何不选择通过立即行动来改变自己呢？为何抱怨工作环境不好、薪水不高、老板不够和蔼呢？为何不反思自己是否做得已经到位、是否有着高效的执行力呢？

我们先来看看下面的故事。

在美国的一所小学里，有这样一个班级，这个班级里的学生比较特别，他们一共有26人，都是失足的孩子，他们有的进过少管所，有的吸过毒，总之是让老师和家长失望透顶的一群孩子。

在这个班级成立后，一位叫菲拉的女老师接手了。在她给学生们上的第一节课上，她并没有如人们想象的那样整顿班级纪律，而是在黑板上给孩子们出了一道选择题。让孩子们根据自己的判断选出一位在以后能够造福人类的人。她列出了3个候选人：

A 笃信巫医，有多年的吸烟史，嗜酒如命，还有两个情妇。

B 有正经工作，却不珍惜，每天睡到中午才起床，钟爱酒精，每天都要喝一斤多的酒，还吸食过鸦片。

C 曾有过辉煌的经历，是国家的战斗英雄，不吸烟不喝酒，坚持食素，从不违法。

结果大家都选择C。

菲拉公布答案：A是富兰克林·罗斯福，连续担任过四届美国总统；B是温斯顿·丘吉尔，英国历史上最著名的首相；C是阿道夫·希特勒，法西斯恶魔。

孩子们看呆了，不明白为什么结果会是这样，接下来，菲拉满怀激情地告诉大家：

“孩子们，一个人，无论他的过去是荣誉还是耻辱，那只能代表过去，最重要的是他的现在和将来，只要你从现在开始决定做你想成为的人并为之努力，你就能成为一个了不起的人。”

菲拉的这番话，改变了这26个孩子一生的命运。其中，就有今天华尔街最年轻的基金经理人——罗伯特·哈里森！

的确，菲拉老师的话是正确的，过去的生活，不管如何辉煌和暗淡，都会随着时光如流水般逝去。要知道，纠结于过去，是很难洒脱地走向美好明天的。一个人，只有学会放下对环境的坏情绪，适应环境，才能有意识地改变自己，最终改变命运。

在现代企业里，总是有一些人对待工作抱有消极倦怠的态度，对待工作内容总是能拖就拖，要问他为何不积极工作，他会反驳：“底层员工，就这么点薪水，没热情努力工作。”那么，既然如此，为何不努力工作、成为你羡慕的高层管理者呢？再如，一些人抱怨自己经济能力差所以没有去找女朋友，那么为何不努力改善经济状况呢？其实，归根结底，我们还是要记住一句话：你改变不了环境，但你可以改变自己；你改变不了事实，但你可以改变态度。

当然，勇于尝试需要人们有一种开拓进取的精神，鲁迅先生曾经说过，其实地上本没有路，走的人多了，也便成了路。所以他十分赞赏“第一个吃螃蟹的人”，那些在人类前进道路上披荆斩棘的人。

总之，任何不满意现状的人都需要明白一点：你只是缺乏改变现状的勇气，与其抱怨，不如改变。正如一个名人所说的：“如果你认为你处在恶劣的环境中，那么请好好地修炼，练好内功，等待爆发的日子。”

## 放下过多的想法，专注眼前的幸福

人们常说，人生就是一次旅行，在这一过程中，只有跋山涉水，不惧艰辛，走过忧郁的峡谷，穿过快乐的山峰，蹚过辛酸的河流，越过滔滔的海洋，才能走到生命的最高峰，领略美好的风景。诚然，我们不能否认这一点，但人的一生是短暂的，我们若总是把眼光放在前面的事物而错过了眼前的美景，那么只能空留遗憾。现实生活中的很多人，他们一直信奉勇往直前的原则，对未来充满幻想，但生活毕竟是真实的，我们只有珍惜眼前，才不会造成年华不再时的遗憾。

曾经有这样一个故事：

一个凉爽的午后，一位渔夫在海边晒着太阳、打着盹儿，这时，一位来此度假的富翁从他身边走过，吵醒了他，之后二人便攀谈起来。

富翁说："老兄，这么好的天，你一定打了不少鱼吧。"

渔夫摇摇头。

"您不舒服吗？"富翁关切地问。

"没有，我的身体非常好。"渔夫站起来，伸了伸懒腰。

富翁很疑惑地问："那您怎么不去打鱼？"

"我已经打过了。你看，我的筐里有四只龙虾，还捕到了二十几条青花鱼，我甚至连明后天的鱼都打够了。"

富翁激动起来："但是您为什么不多打一点呢？如果您能每天出海两次、三次，甚至四次……您就能捕到更多的鱼啊！"

"打那么多鱼干什么？"渔夫问。

"打了鱼，就可以变卖，换成钱，然后买一条渔船，出海去捕更多的鱼，再赚更多的钱。"富翁对自己这样的商业计划感到十分骄傲。

“赚了钱再干什么？”渔夫仍显出那副无所谓的样子。

“组织一支船队，然后就能赚更多的钱。”富翁心里直笑渔夫的愚钝不化。

“赚了更多的钱再干什么?”渔夫已准备回家了。

“开一家远洋公司，不光捕鱼，还运货，浩浩荡荡地出入世界各大港口，赚更多更多的钱。有朝一日您还可以建一座冷库，盖一座熏鱼厂……您甚至可以坐着直升机飞来飞去找鱼群，用无线电指挥您的渔轮作业。您可以取得捕三文鱼的资格，开一家活鱼饭店，无须通过中间商就可以直接把龙虾运往巴黎，然后……”富翁兴奋得说不出话来。

渔夫拍拍他的背，好像是拍着一个呛着的孩子：“然后怎么样？”

富翁被渔夫激怒了，没想到自己反倒成了被问者：“当然是为了享受生活!”

渔夫笑了：“我每天钓上几条鱼，其余的时间嘛，我可以在暖和的阳光下打打盹儿，还可以眺望大海，看看朝霞，欣赏落日，会会亲戚朋友，优哉游哉。我已经在享受生活了，只是您照相机的咔嚓声把我打扰了。”

富翁和渔夫，究竟谁的快乐才是真的快乐，我们不得而知，因为每个人的人生价值都各有不同，但从中我们得知一个道理：有时候人们苦苦追寻的目标，远不及当下已经拥有的生活。在渔夫看来，富翁奋斗一生所追求的幸福生活，自己正在享受着：钓鱼，晒太阳，与老婆孩子过着平淡悠闲的日子。区别只在于，富翁度假之后，需要回到他的公司，继续经营他的产业，渔夫则继续他几乎一成不变的生活。

不得不说，人是一种有着美好憧憬的动物，年轻的时候，我们总是想着等到老了以后，得到了许多物质上的满足后，再去好好享受，去环球旅行；当我们有了孩子的时候，总是惦记着让子女好好享受，至于自己到底需不需要享受，自己什么时候享受，却从不去认真考虑。所以，事实上，很多人都不会享受生活。享受生活归根结底是一种心境。享受的关键在于寻找快乐的人生，而快乐并不在于一个人拥有多少、获得多少、生活质量如何，而是在于其怎样看待周围的人和事情，让自己有一颗接纳一切快乐事物的心。

生活中常常打扰我们，让我们感到不安的，往往是那些莫须有的幻想，我们总是在羡慕别人，希望自己能过上同样的生活。有时候还包含一种对未来生活的幻想，当然，渴求改变现有生活并没有什么过错，但如果你因此而忽视了现有生活的美好，就有点得不偿失了。

事实上，我们现在拥有的幸福才是真实的。

总之，我们每个人对于现在的生活，都应有知足的心态，因为我们有自己的天空，有自己的土地，有自己的快乐，有自己的幸福。放下对于别处风景的幻想，不去羡慕别人，会让我们的生活变得悠然平静，轻松惬意！

## 选择太多，反而不能专注

猎人追赶兔子时，如果同时出现两只兔子，必定会舍弃其中一只，而专心瞄准另外一只，如果他两只都想捕获，在两只兔子之间来回折腾，结果必然是白费力气，一无所获。其实，在人生目标的选择上，何尝不是如此呢？

人生在世，我们面临的抉择实在太多。然而有选择，自然就会有放弃。因为鱼与熊掌不可兼得，如果你什么都想要，最终，你很有可能什么也得不到。那么，哪个会被你忍痛割爱？人生旅途中，经常会遇到岔路口，你又会何去何从？

的确，很多时候我们遇到的选项都是极具诱惑力的，但却不能同时拥有。在鱼与熊掌的选择中，我们往往会斤斤计较，患得患失，优柔寡断。但需要明白的是，我们必须学会抉择，学会舍得。生活的辩证法也告诉我们这一道理，“得”与“失”是矛盾的统一体，在鱼和熊掌不可兼得时，你必须有取有舍。要取就必须舍，舍了才能取。

有这样一个很有趣的故事：

在仙雾缭绕的山中，有一位仙子，她有伟大的神力，可以决定什么花开成什么颜色、什么样子。

有一朵蓓蕾，它非常美丽，很受仙子喜爱，仙子给了它优先选择颜色的特权。然而，令仙子失望的是，蓓蕾因为选择太多，又一直拿不定主意，最终错过了花季。在花季过了之后，仙子在山谷中发现了它——一朵未及绽放便枯死了的蓓蕾，只是因为它选择太多却始终无法做出决定。

这朵蓓蕾为什么最终会凋谢？就是因为它什么都想得到，最终错过了花期。其实，我们人类何尝不是在重复着这样的悲剧呢？我们经常会站在抉择的交叉路口，而且，很多时候，这些选择是单项的，比如：学业上，填报志愿时你有两个都很喜欢的专业；就业后，你遇到了两份都不错的工作；到了适婚年龄，你周围的异性都让你很满意……当遇到多个选项、鱼和熊掌又不可兼得的时候，你有能力和魄力做出明智而又正确的抉择吗？

森林里有一只淘气的猴子。一个周末，它来到一片桃树林，它一看，树上的桃子又大又红，看着就很好吃，于是，它赶紧爬上树摘了好几个。

它抱着这些大桃子，接着往前走，过了一会儿，它又看到一片玉米地。“多大多棒的玉米啊！我得带几个回去。”猴子这样想。于是它扔下了手上的桃子，跑到玉米地里，掰了几个大玉米棒子，然后抱着玉米继续向前走。

又走了一段路，它又被眼前一片绿油油的西瓜地吸引了，地里到处都是又大又圆的西瓜，它心想：“滚圆的大西瓜一定很甜，我得摘一个回去。”于是，它又扔下了那些玉米，赶紧摘了一个大西瓜，满心欢喜地往前走。

正当它准备回家的时候，却看到一只可爱的兔子从自己身边窜了过去，于是，它高兴极了，大喊道：“我要抓个兔子带回去！”

它满脑子都是小兔子，哪里还想要大西瓜，于是它又把大西瓜扔了，然后去追兔子。追了好几小时也没追上，最后，小兔子窜到另外一片树林里再也看不见了。小猴子想想，还是算了，不追了。

玩了半天，天渐渐黑了下来，小猴子有些害怕，赶紧往回走。回到山上，当妈妈问它带回了什么东西时，小猴子两手空空地低下了头。

我们看完这个故事，肯定会取笑故事中的猴子，它总以为更好的东西就在前方，于是，不断地舍弃，到最后什么都没得到，只得空手而归。而生活中的我们又何尝不是犯了如此幼稚的错误呢？

虽然现在的年轻人有许多梦想，但他们缺乏围绕一个目标执着追求的精神，一心只想功名利禄一锅端，尽收囊中。有的人一边经商，一边又想从政，结果商路未走好，仕途又不得志。有的人从事学术研究，却心浮气躁，想走歪路发财，整天把心思用在引进资金上。结果是学术研究荒废，项目资金又无处落实。

事实上，对于任何人而言，要想有所成就就得果断地取舍，舍鱼而求熊掌，选择一个最能体现自身价值的目标，知道自己最擅长做什么，排除杂念，全身心地投入其中。而过多的欲望则会导致一无所得，最终只会感到后悔和失落。

可能你会认为，摆在眼前的都是我所爱的，舍弃任何一个，都会让我痛苦。但你必须明白的是：只有果断地放弃其中之一，才会得到、拥有其中之一。只有做出选择，才不至于什么都得不到。选择是一门看似简单却十分有讲究的艺术。人的一生，就是一个不断进行选择的过程。选择的正误和效率，是一个人价值取向、思想水平、道德意识和判断能力的综合反映。

## 抱怨不会给工作带来任何帮助

工作中，我们常常听到身边的人抱怨道：“哎！工作太累，天天都有做不完的活，连喘口气的机会都没有！”“看看我们公司的那伙人，那是什么素质，简直没法说！”抱怨就像瘟疫一样在我们周围蔓延，愈演愈烈。在他们看来，他们似乎从没有遇到顺心的事，无论何时，你都能听到他们抱怨的声音，因为抱怨，他们不仅把自己搞得很烦躁，还无形中耽误了手头的工作。

其实，无论是工作还是做其他事，一旦产生抱怨，就会对事情产生对抗心理，进而产生拖延心理，而拖延也会加重事情的难度，使你再度陷入糟糕的情绪中，于是，习惯性拖延症就逐渐形成了。我们发现，无论是正在学习的学生，还是在做事的员工，只要他们一开始抱怨，他们的效率就会下降很多。而实际上，抱怨对于事情的解决毫无益处，它只会让我们在忙碌中兜圈子，相反，如果我们能心平气和地正视问题，厘清自己的思绪，那么，很容易就能找到解决问题的方法。

可见，无论我们做什么事，要想取得成绩，就必须要拿出全部的热情，如果你鄙视、厌恶自己的工作，对它投注“冷淡”的目光，那么，即使你正在从事最不平凡的工作，你也不会有所成就。

为什么抱怨的人会生活得这么累，因为他只看到了自己的付出，而没有看到自己的所得。而不抱怨的人即使真的很累，也不会埋怨生活，因为他知道失与得总是同在的，一想到自己有所得，他就会感到高兴。的确，抱怨只会让我们浪费掉大把的时间，因为它会破坏我们原本积极的潜意识。你可能有过这样的体会，只要我们的头脑中有一丝抱怨的意识，那么，我们手中的工作就会不由自主地慢下来，我们就会为自己鸣不平、讨公道，甚至是抱怨老天不公。在这种坏心情的影响下，不仅我们的工作和生活都受到了影响，我们的心态也会随之改变，而真正的勇者，他们从不抱怨，他们总是能淡定、冷静地看待世界，审视自己，最终成就自己。

其实，没有一种生活是完美的，也没有一种真正让人满意的生活，如果我们能做到不抱怨，而是以一种积极的心态去努力进取，珍惜时间的话，那么收获到的将会更多。而如果我们养成了抱怨的习惯，那就像搬起石头砸自己的脚，于人无益，于己不利，于事无补，生活就成了牢笼一般，处处不顺，时时不满。所以，每个人都应该认识到：自由地生活着，其实本身就是最大的幸福，哪有那么多抱怨呢？

一个女孩在生活和工作中遇到了不少烦心事，便向她的父亲抱怨，抱怨工作那么累，生活那么累，她的父亲并没有说什么，而是先把她带进厨房。

父亲先烧开了三锅水，然后在第一个锅里放了一些胡萝卜，第二只锅里放了一个鸡蛋，最后一只锅里放入碾成粉末状的咖啡豆，然后继续开火，烧水，沉默。

二十分钟过去了，他关了火，然后拿来三个碗，把煮好的胡萝卜、鸡蛋、咖啡分别盛放到不同的碗里。做完这些后，他才转过身问女儿，“孩子，你看见什么了？”

女孩回答：“胡萝卜、鸡蛋、咖啡呀。”

“你先摸一下胡萝卜。”女孩照做了，她发现胡萝卜变软了。

“你再把鸡蛋剥开。”将壳剥掉后，女孩看到是个煮熟的鸡蛋。

最后，父亲让女孩尝了下咖啡，品尝到香浓的咖啡，女儿笑了。她怯生生问道：“父亲，这意味着什么？”

父亲解释说：“其实刚才，这三样东西都面临着同样的逆境——煮沸的开水，但面对逆境，他们却有不同的反应，你也看到了，胡萝卜在下锅之前是多么强硬，但被煮了之后就变软了；鸡蛋原本是易碎的，蛋壳虽然能起到保护作用，但却经不住摔打；最特别的是咖啡，被倒入沸水中，它却能改变水。”

女孩若有所思，父亲接着说道：“哪个是你呢？当逆境找上门来时，你该如何反应？你是胡萝卜，是鸡蛋，还是咖啡豆？”

二十来岁的年轻人们都应该从这个故事中获得启示。诚然，当下的你每天都会遇到一些让你烦心的事：这个月业绩不好被老板责怪，某次行业比赛中因为你的疏忽而影响了整个团队的成绩。对此，你肯定很懊恼，但懊恼又有何用？不停地抱怨，不断地自责，只会将自己的心境弄得越来越糟。

因此，无论你的情况如何，都不要抱怨，不要抱怨你的家境不好，不要抱怨你的工作太忙，不要抱怨你的爱人不够贴心……生活是你的朋友，不是你的敌人。生活总是有那么多的不尽如人意，就算生活给你的是垃圾，你同样能把垃圾踩在脚底下，登上世界巅峰。

事实上，没有完美的生活、工作模式，如果我们动不动就抱怨，而不是以一种积极的心态去解决问题，那么，这就等于拿石头砸自己的脚，于人于己于事都无益。

# 第5章

# 喜欢真实的自己，活出真实的自我

生活中，很多时候，我们经常会想，“恐怕不行吧，我能力不足”“还是不要表白了，我又不帅”等，而这些想法无疑是不自信的表现，事实上，人无完人，没有人是毫无缺点的，只是在我们的内心，这个缺点份额的大小问题。如果我们将缺点无限放大，那么，它将会腐蚀我们的心，阻碍我们成功；而如果我们能正视缺点，并在心里把缺点限制在一定的范围内，它就会成为我们努力和奋斗的催化剂，助我们成功。因此，我们每个人都要记住一点，信心是一种态度，更有一种魔力，常使“不可能”消失于“无形”。这样，你才能冲出自我设限的牢笼，激发出自己的潜能，才能够成为翱翔于人生天空的雄鹰，并且也能不断地让人生有更美好的发展！

## 自信就是自己认可自己

美国职业橄榄球联会前主席杜根曾说：“强者不一定是胜利者，但胜利迟早都属于有信心的人。”从心理学角度说，信心可以决定一个人的成功与失败。一个人要想获得成功，就需要保持内心的自信，自信者勇往直前，不会胡思乱想，这样我们才能走上通向成功的康庄大道。

在任何时候，我们都不要怀疑自己的能力，也不要为自卑所困扰，我们需要从过去的成功经历中汲取养分，以此滋润自己的信心。不要沉溺于对失败经历的回忆，而是要将失败的景象从自己脑海中赶出去，尤其是在自己的言行遭到别人质疑的时候，我们更需保持较强的自信心，相信自己一定能行，不要轻易地怀疑自己。对同一件事情，每个人的思维和行为方式都不一样，难免会产生不同的意见，如果我们的看法遭到了别人的挑衅或质疑，不要人云亦云地抛弃自己的见解，而是要保持自信，相信自己，并用实际行动向世人证明自己的能力。自信，会让我们拥有一张人生之旅的终身有效的车票。

那些隐藏在内心深处的梦想，谁也不能保证它们全都能实现，就连我们本人也不能保证，更别说其他人了。如果有人断言我们不能实现梦想，并对我们的梦想进行挑衅，那不过是他表达意见的方式，对我们的梦想本身是毫无损伤的。我们依然可以相信自己，带着满满的自信，向自己的梦想前进，总有一天，我们会以实际行动告诉世界：自信，是点燃梦想的火把。

在一次作文课上，老师给出的题目是：我的梦想。一个小朋友飞快地写下了自己的梦想，他希望自己能拥有一座占地十余公顷的庄园，庄园里有小木屋、烤肉区，还有休闲旅馆。然而，这个梦想到了老师手里，被画上了一个大大的红“×”，并要求重写。小朋友感到很不解，老师说：“我要求你们写下自己的梦想，而不是这些如梦呓般的空想，我要实际的梦想，而不是虚无的幻想，你知道吗？”小朋友据理力争：“可是，老师，这真的是我的梦想啊！”老师生气地说：“不，那不可能实现，那只是一堆空想，我要你重写。”小朋友不愿意妥协，他自信地说：“我很清楚，这才是我真正想要的，我不愿意改掉我梦想的内容。”老师摇摇头：“如果你不重写，我就不让你及格了，你要想清楚。”小朋友坚定地摇摇头，不愿意重写，那篇作文他只得到了一个大的“E”。

然而，30年过去了，老师带着一群小学生来到了一座很大的庄园，享受着绿草和舒适的住宿，以及香味四溢的烤肉。就在这里，老师遇见了庄园的主人，却发现他就是那位作文不及格的学生。如今，他实现了自己儿时的梦想，老师惭愧地说：“30年来，我不知道用成绩改掉了多少学生的梦想，而你，是唯一坚定自己梦想，相信自己，没有被我改掉的。”

在生活中，对于自己的梦想或是目标，不管有多么虚无缥缈，多么的不切实际，都需要坚持到底，永远相信自己一定能办到，一定可以实现这些目标。如果有人对我们的想法进行挑衅和否定，也不要退缩，更不要随意更改自己的目标，有句话叫“走自己的路，让别人去说吧”，别人爱挑衅，对我们的言行进行冷嘲热讽，那是他们自己的事情，而我们只需要坚定信念，保持自信，就可以赢得最后的成功。

有时候，他人的挑衅不仅仅动摇不了我们内心坚定的信念，反而会成为我们不断前进的推动力。因为不甘愿服输，不甘愿被人看不起，我们会努力证明自己，每次在坚持不下去的时候，就想想那些挑衅我们的人，我们就会更加坚定自己心中所想，保持绝对的自信，将当初那些不切实际的东西变成现实，以此来证明自己。所以，对于别人的挑衅，不要在意，更不要随意动摇自己的自信心，我们需要做的就是毫无条件地相信自己，因为自信心也是一股巨大的力量，它会促使我们不断地前进，不断地完善自我，最后一举登上成功的宝座。

## 你就是独一无二的自己

我们身处一个开放和竞争的年代，人际交往越发频繁，要求我们拥有驾驭自我情绪的能力，这也是情商高低的表现。然而，不难发现，我们生活的周围有一些人会时不时地感到自卑，这样的人，即使有再多的才华，恐怕也难以获得广阔的施展空间。

心理学教授说，自卑是一种消极的自我评价或自我意识，即个体会因为自己某些方面不如人而产生一些对自己不信任的消极情感，而自卑感就是对自己的能力、品质、外貌等各个方面的评价都偏低的一种消极的自我意识。自卑的人总认为自己事事不如人，自惭形秽，丧失信心，进而悲观失望，不思进取。被自卑感所控制，他不仅看不到自己的长处，影响自身创造力的发挥，还会束缚其正常的精神生活。

社会心理学家经过跟踪调查发现，在人际关系交往中，心理状态不健康者，往往无法拥有和谐、友好和可信赖的人际关系，在与人相处中，既无法得到快乐满足，也无法给予别人有益的帮助。而主要原因就是他们无法做到正确地进行自我认知。

生活中的人们，如果你也是个内心自卑的人，那么，从现在起，你必须重新认识自己，解开自卑的枷锁，找回自信。

1942年，史蒂芬·威廉姆·霍金出生于英格兰。很难想象，年仅21岁的他就患上了一种肌肉不断萎缩的怪病，他整个身体能够自主活动的部位会越来越少，直至最后永远地被固定在轮椅上。可他并没有因此而中断学习和科研，一直以乐观的精神和顽强的毅力攀登着科学的高峰。

霍金毕业于牛津大学，毕业以后，他长期从事宇宙基本定律的研究工作。他在自己的研究领域中，取得了令世人瞩目与震惊的成就。

在一次学术报告上，一位女记者登上讲坛，提出了一个令全场听众感到十分吃惊的问题："霍金先生，疾病已将您永远固定在轮椅上，您不认为命运对您太不公平了吗？"

这显然是个触及他的伤痛，令他难以回答的问题。报告厅内顿时变得鸦雀无声，所有人都注视着霍金，只见霍金头部斜靠着椅背，面带微笑，用能动的手指敲击键盘。接着，人们从屏幕上看到了这样一段震撼心灵的回答："我的手指还能活动，我的大脑还能思考，我有我终生追求的理想，我有我爱和爱我的亲人和朋友。"

报告厅里响起了雷鸣般的掌声，经久不息，那是从人们心底迸发出的敬意和钦佩。

德国人力资源开发专家斯普林格在其所著的《激励的神话》一书中写道：“人生中最重要的事情不是感到惬意，而是感到充沛的活力。”“强烈的自我激励是成功的先决条件。”所以，学会自我激励，就是要经常在内心告诉自己，我相信自己可以做到。如果你的心被自卑掩埋，那么，你已经输了。有自信，那么即使面对逆境，也能泰然自若。

一般情况下，人们的自我评价，往往是根据自己和他人对自我的评价产生的，因此，人们能同时看到自己的长处和短处。然而，有的人在与他人比较的过程中，却常喜欢拿自己的短处与别人的长处比，而结果往往是自惭形秽，越比较越觉得自己不如人，越比越泄气。只看到自己的不足，而忽视自己的长处，久而久之就会产生自卑感。

自卑并不是一种情绪，而是一种长期存在的心理状态。有自卑心理的人，在行走于世的过程中，心理包袱会越来越重，直至压得他们喘不过气。它会让人心情低沉，郁郁寡欢。因为不能正确看待自己、评价自己，自卑的人常害怕别人看不起自己而不愿与人交往，也不愿参与竞争，只想远离人群，他们缺少朋友，甚至自疚、自责、自罪。他们做事缺乏信心，没有自信，优柔寡断，毫无竞争意识，享受不到成功的喜悦和欢乐，因而感到疲惫、心灰意冷。

因此，我们要培养和提高自己的情商，首先就要消除自卑感，而消除自卑感的第一步，就是要看到自己的独特之处。每个人都是完全不同的个体，没有任何人是一无是处的，自信是认知自我的开始，因为通过审视自我，才能了解自己的专长、能力和才华，这样，你的自信才会不断储备，自卑才会无处遁形。

总之，你要随时告诉自己：我是自信的，我是美丽的，我有实力，我的专业能力是最棒的！你必须有自信心，对认准的目标有大无畏的气概，怀着必胜的决心，主动积极地争取！

## 挖掘自身潜藏的自信

中国古语说“人皆可以为舜尧”，意思是说，只要你树立必胜的信心，就能够战胜任何困难，成为杰出的人。当一个人失去自信的时候，你就难以做好任何事，当你什么也做不好时，你就更加不自信，这是一种恶性循环。若想从这种恶性循环中摆脱出来，重建自信心，我们不妨先从最有把握做好的事情做起，用不断取得的成功来建立我们的自信心。

的确，无论做什么事，都有可能遇到困难，在困难面前，大部分人会选择放弃，是因为他们被暂时的困难和挫折蒙蔽了眼睛，而只有少数人还能坚持到最后的原因是他们坚定地相信自己坚持下去就一定会取得最后的成功！

著名作家爱默生曾说过：“自信就是成功的第一秘诀。”这句话告诉我们，人的潜力是无穷的，如果对自己有足够的信心，你就会发现自己原来拥有许多潜力，原来自己可以做到许多事情，如果你想有个辉煌的人生，那就去扮演你心里所想的那个人，让一个积极向上的自我意象时时伴随着自己。

在北京大学的课堂上，老师们经常为学生讲述一个来自美国哈佛大学的调查结果，一个人是否能胜任一件事，有85%取决于他的态度，15%取决于他的智力。如果他自信，事情肯定会办好。我们都知道，自信是对自己的高度肯定，是成功的基石，是一种发自内心的强烈信念。我们需要自信，无论在生活还是工作中，只有自信的人，才能常看到事情的光明面。

同样，生活中的人们，你也应该培养自己的自信心，自信的人到哪里都光彩夺目，为此，你要告诉自己：我是最棒的。拥有这样的信念，无论何时，你都能有优秀的表现，都能挖掘出你意识不到的潜力。

从心理学的角度说，信心可以决定一个人的成败。假如这个人是自卑的，那自卑就会扼杀他的聪明才智，消磨他的意志。

成功者自信，失意者自卑。一个人只要有自信，那么他就能成为他所希望成为的人。朋友们，无论你想成为什么样的人，从现在起，只要你不断积累信心，然后朝着目标奋进，你就能成功！

自信是个人毅力的发挥，也是一种能力的表现，更是个人潜能的源泉。为增强自信，你需要做到以下两点。

1. 不断学习，让自己具有硬实力

在今天，素质决定着命运。当然，在具备长处后，你就要实事求是地宣传自己的长处、才干，并适当表达自己的愿望，这样才能让别人更加了解你，也能给予你更多机会。

2. 不断挑战自己

任何一个人，在这个快节奏、高效率的时代，要想脱颖而出，要想进步，就必须要做到不断挑战自己。要知道，一个人的能力是需要不断挖掘的，只要我们能相信自己，欣赏自己，摒弃自卑，我们就能在学习中、工作中不断彰显自己的能力和价值。

总之，我们需要记住的是，自信，使不可能成为可能，使可能成为现实，而不自信却使可能变成不可能。一分自信，一分成功；十分自信，十分成功。在经济飞速发展的今天，各种机遇和挑战无处不在。我们不妨自信一点，给自己一个发挥长处的机会。初登舞台，放低姿态；站稳脚跟，慢慢发展；机会出现，大胆出击。有了这种敢于冒险、勇于迎难而上的精神，你就能够创造奇迹。

## 人无完人，多给自己一些鼓励

生活中，我们常说“人无完人”，这句话的意思是，人都是有不足的。但这并不代表我们一无是处，因此，我们大可不必因为别人比自己优秀而妄自菲薄，做自己，才能活得出彩。

心理学家认为：一个人如果自惭形秽，那他就不会成为一个美人；如果他不相信自己的能力，那他就永远不会是事业上的成功者。从这个意义上说，如果你是个自卑的人，那么，树立自信心是战胜自卑感的最好方法。

有时，你听到的意见并不一定完全正确，也不要因为他人的议论而妄自菲薄，否则就会陷入自卑的“心灵监狱”。的确，我们发现，总是有一些人，他们除了拿自己的缺点与别人的优点相比外，他们还喜欢轻信那些贬低自己的话，然后，他们便看不清真正的自己、埋藏了自己的潜力，最终，他们变得自卑。

我们经常提起“情商”这一问题，其实，一个高情商的人始终是自信的，他们能对自己做出一个正确、客观的评价，在人际交往中能表现出大方的姿态，最终，他们也能获得别人的信任。因此，我们有必要把树立自信心作为培养情商的一个重要方面。

我们先来看下面一个职场故事。

小蕾是个很勤奋的姑娘，但有个缺点，那就是有点自卑，甚至做事扭捏。她在现在这家广告公司已经工作了五六年，但这么长时间以来，她在公司好像就是个可有可无的人，因为她几乎没接过什么重要的任务，尽管在大家看来，小蕾是个人品好、工作认真的女孩。

最近，她似乎转运了，在公司的选举大会上，她被同事们选举为公司新部门的副主管，她总算进入了中层管理人员的行列。好运连连，公司还给她安排了去法国总部进修的机会。

一直业绩平平的小蕾居然有这种机会，很多人都急红了眼，他们都争相往老总的办公室跑，希望也能争取到这个机会。

这天上午，小蕾正在整理资料，她接到电话，经理让她去一趟。当她坐下后，经理笑着说：“这次老总点名派你去法国进修，说明公司对你寄予了厚望，你的工作能力和态度也是一直被公司肯定的，但这几天，一些老资历的同事不断来找我，让我十分为难，你也知道，说实话，他们的资历真的比你老，工作能力也不比你差，如果你能让步，下次我一定再给你争取更好的机会。”

经理说完这些话后，小蕾傻站了半天，她不知道该怎么办。接着，经理让她回去好好想想。

小蕾实在不知道该怎么办，最后，她决定给自己的好朋友秦玲打个电话，让她为自己支个招。秦玲从来都是个很有主见的人。

秦玲听她说了个大概，马上就笑了：“如果你让出这次机会，你觉得别人在背后会怎么议论你？”

小蕾没明白过来，说：“我怎么知道啊？”

秦玲叹了口气，说：“你以为别人会说你善解人意、先人后己吗？别傻了，他们会说你傻、缺心眼、没脑子。已经到手的学习、升职的机会你拱手让人，他们不但不会感激你，还会认为你是个白痴呢。而你的领导，可能也会认为你缺乏干练的工作能力，你认为他下次真的会把机会留给你吗？你就别做梦了。”

小蕾急了：“可是，经理还等着我回复呢，我要是不答应，那以后还怎么在公司混啊？”

秦玲说："我劝你还是直接说自己需要这次机会，否则，你经理可能还会认为你在忸怩作态呢！再说，万一这是他故意试探你的呢？如果你真的退让了，让别人拿走本该属于你的机会，以后他会稳稳当当地继续当领导，或者升职调去其他部门，那么你能剩下什么、得到什么？等到下次，说不定又有人要跟你抢呢。"

小蕾觉得秦玲的话很有道理，于是就采纳了她的意见，回复经理说："很感激公司和经理对我的栽培，我也很珍惜这次出国进修的机会。"

进修回来后的小蕾果然干练、大方多了，少了很多过去的稚气。

这个故事中，我们看到了一个自卑害羞的女孩的成长过程，刚开始的小蕾显得很不自信，庆幸的是，她得到了好朋友的指点，大胆表达了自己的想法，获得了历练的机会。

可见，只有大方行事，只有自信，才能让别人相信你。生活中，我们可能很在意别人对我们的评价，我们无时无刻不在表现希望或担忧的情绪。如果别人不相信我们，如果别人因为我们经常表现出的消极软弱而认为我们无能和胆小，那么，我们将永远不可能担当大任。

心理学家认为，内控的人认为自己可以掌握一切，外控的人认为自己事事受制于人。如果你内心自卑、妄自菲薄，并且也不愿意去克服，那么谁也无能为力。

以下是克服这一错误意识的几种方法，你不妨尝试一下。

1. 客观地认识自己

意思就是不仅要看到自己的优点，也要看到自己的缺点，并客观地给予评价。要做到这一点，除了自己对自己进行评价，还要注意从周围人身上获取关于自己的信息。这些人可以是我们的父母，可以是我们的朋友，也可以是我们的同事，只有这样，我们才能够逐步形成对自我的全面客观的认识。

2. 全面地接纳自己

接纳自己的优点，而容不下自己的缺点，是很多人容易犯的错误。一个人首先应该自我接纳，才能为他人所接纳。

因此，真正的自我接纳，就是要接受所有的好的与坏的、成功的与失败的自己。不妄自菲薄，也不妄自尊大，不卑不亢，才能健康地发展，逐步走向成功。

3. 积极改善不足

你还需要积极地改善自己的不足。这些不足指的是某些“内在”上的，比如，学识、技能、素质等。

4. 理性地看待别人对你的批评

别人对你的批评是免不了会有的。如果你对别人的批评很在意，心理上就会很难过，越辩就会越黑；如果你以理性、包容的态度去接受，心情反而会坦然、舒畅。

## 嫉妒是一种不自信的表现

人与人相处，难免会相互比较，比较之下，就容易产生嫉妒心理。日本《广辞苑》为嫉妒下的定义是：“嫉妒是在看到他人的卓越之处以后产生的羡慕、烦恼和痛苦。”要知道，嫉妒之心会毁坏友谊，损害人际关系，甚至毁灭生活的安逸。美国著名心理学家布鲁纳曾经指出，好胜的内驱力可以激发人的成就欲望，但如果不能正确地认识竞争就会导致我们在竞争中产生嫉妒心理。嫉妒过于强烈，任其发展，则会形成一种扭曲的心理：心胸狭窄，喜欢看到别人不如自己，并喜欢通过排挤他人来取得成功。

有这样一则寓言故事：

从前，有一只鹰，它有个朋友比它飞得高很多，它很嫉妒，为此，一个猎人经过时，它告诉猎人：“请你把这个鹰射下来吧。”猎人答应了它，但是有个条件，猎人说：“可以，但是你要给我一根你的羽毛，用来当箭。”于是妒忌的鹰，就从自己的身上拔下来一根漂亮的羽毛送给了猎人，但是它的朋友已经飞得很高了，猎人射出来的羽毛还没到半空就掉了下来。猎人告诉这只妒忌的鹰：“你再给我一根羽毛，我再射一次。”于是，妒忌的鹰又在自己的身体上拔了根毛给猎人。当然，还是没有射下来。一次又一次……最后，妒忌的鹰身上的羽毛都被拔光了，它自己再也飞不起来了。而此时，猎人的双手伸向了它：“那么我就抓你好了。”于是就把这光秃秃的、妒忌的鹰抓走了。

看完这则寓言故事，我们不免嘲笑这只愚笨的鹰，但其实我们人类何尝不是如此呢？很多时候，一些人因为怒烧的妒火而做出了害人害己的事。

其实，嫉妒心理普遍存在于人类社会中，你是否曾经有过这种感觉，当你和比自己优秀、比自己强的朋友在一起时，会产生心理不平衡——“和她做朋友，感觉自己像个小丑一样，简直是她的附属品”。如果你的内心充满嫉妒，那么，这样的友谊表面上可能还相安无事，但你的内心早已阴云密布，一旦出现一些小事，就会一触即发，两人之间的友谊会迅速消失。实际上，绝对的公平并不存在，如果你不能消除这种不平衡心理，你就不能以一种轻松的心态去面对你的朋友。

面对嫉妒心理，我们要结合自己的实际情况，找出克服嫉妒心理的对策，并有意识地提高自己的思想修养水平，这是消除和化解嫉妒心理的直接对策。

要克服嫉妒心理，你可以从以下6点出发。

1. 有自知之明，客观评价自己

当嫉妒心理萌发或是有一定表现时，如果我们能冷静地分析自己的想法和行为，同时客观地评价一下自己，找出和他人的差距和自己的问题，也就能积极地调整自己的意识，控制动机和情绪了。

2. 发现别人的长处

以这样的心态面对比自己优秀的朋友，不仅能学会用客观的眼光看自己和对方，也能弥补自己的不足，这样，就不至于为一点小事钻牛角尖，还能交到帮助自己成长的真正朋友。

3. 友善又和谐地与人相处

人际交往在个体的心理健康发展中非常重要，通过与人交往，你不仅能感受到朋友的关爱，还能通过他人的评价，及时地发现并改正自己的不足，督促自己成长。同时，这对排解内心的嫉妒情绪也非常有帮助。

4. 接纳和完善自己

任何人都不可能十全十美，当然也不会一无是处。很多人既容易骄傲自满，也容易自卑。因此，你有必要接纳并完善自己。所谓的接纳自己，就是既能看到自己的不足，又能看到自己的优点，然后继续发扬自己的优点，改正自己的缺点。当然，这里有一个关键点：你要相信自己是有价值的人，从而全力以赴地去实现自己的价值。

5. 快乐之药可以治疗嫉妒

你要善于从生活中寻找快乐，如果一个人总是想：比起别人可能得到的欢乐，我的那一点快乐算得了什么呢？那么他就会永远陷于痛苦和嫉妒之中。

6. 自我宣泄，是治疗嫉妒心理的特效药

嫉妒心理也是一种痛苦的心理，当还没有发展到十分严重的程度时，用各种宣泄方式来舒缓一下是相当必要的，可以说是一种顺坡下驴的好办法。我们可以采取向好朋友和亲人倾诉的方法，把心中的不快痛痛快快地说个够，暂求心理的平衡，然后由亲友适时地进行一番开导。

总之，嫉妒是一把利剑，这把利剑不仅会伤到别人，还会伤害自己。它刺向自己的心灵深处，伤害的是自己的快乐和幸福。俗话说，“人比人，气死人”，没有原则、没有意义的盲目比较会导致心理失衡继而引发嫉妒心理，而如果你能放下比较给你带来的枷锁，活出不一样的自我，那么，快乐就会如影随形，常伴左右。

# 第 6 章

# 行动，是对平庸生活最好的回击

生活中，人们都赞赏那些有伟大梦想、眼光长远的人，但很多人在憧憬未来时，难免想得太多而心生几分浮躁之气。有时候，梦想不等于猜想，唯有立即行动、踏实勤奋才是实现梦想的唯一途径。为此，我们要记住，少想些没用的，多做点有用的，成功才会早一天到达。

## 梦想的实现，从来都是行动出来的

我们都知道，梦想和目标对我们的行为有着深刻的指导意义，我们每个人都要有梦想，但同时你也应该脚踏实地，因为现实不承认猜想。

伟大的哲学家卢梭曾说：“节制和劳动是人类的两个真正的医生。”哲人也说：“所谓人生，归根到底，就是一瞬间、一瞬间持续地积累，如此而已。每一秒钟的积累成为今天这一天；每一天的积累成为一周、一月、一年，乃至人的一生。同时，伟大的事业乃是朴实、枯燥工作的积累，如此而已。那些让人惊奇的伟业，实际上，几乎都是极为普通的人兢兢业业、一步一步持续积累的结果。”而在现今的社会浪潮中，唯有踏踏实实干事，不浮躁、不轻狂的人，才能成就一番大事。这就好比一座建筑是由一砖一瓦砌成的，每一砖一瓦本身显得并不怎么重要，但是缺少了它们，高楼如何建起？同样，成功者的一生都是由无数个看上去微不足道的小进步构成的。

事实上，每一个成功者都深知在追逐成功的过程中，沉下心来进入角色是非常重要的，越早进入就意味着越早地步入事业的轨道。每天都让自己成熟一些，浮躁之气自然会少下来。正如托马斯·爱迪生所言，成功中天分所占的比例不过只有1%，剩下的99%都是勤奋和汗水。

同样，对于生活中的我们来说，也要树立踏实的态度。要想获得成功，就得付出巨大的心力和耐心。艾森豪威尔说："在这个世界上，没有什么比'坚持'对成功的意义更大。"的确，世界上的事情就是这样，成功需要坚持。雄伟壮观的金字塔的建成凝结了无数人的汗水；一个运动员要取得冠军，就必须要坚持冲刺到最后一秒，如果有丝毫松懈，他就会前功尽弃，因为裁判员并不以运动员起跑时的速度来判定他的成绩和名次。

然而，我们不得不承认的是，浮躁的现象在现今社会尤其是年轻人群中普遍存在，具体表现在：事情才刚刚做到一半，他们就觉得已经大功告成了，便开始松懈起来。急功近利，只讲速度，不讲质量，看不起眼前的小事，认为干它没有什么意义。他们的兴趣没有被提起来，挑战自己和别人的欲望也被压抑着。

我们先来看下面这个真实的故事。

在日本的一家小工厂里，有一位工人，只有初中学历。

他的上司总是对他说“这事要这么做”，无论上司说什么，他总是一一记下，生怕漏了什么。每天他的话都不多，总是埋着头在做他自己的事。无论上司布置什么任务，他都日复一日，不厌其烦地认真完成。在工厂里他毫不显眼，一直默默无闻，但从无牢骚，也从无怨言，兢兢业业，孜孜不倦，持续从事着单纯而枯燥的工作。

20年后，当他已经离职的老上司再看见他时，感到十分吃惊。当年那个默默无闻、只是踏踏实实从事单纯枯燥工作的人，居然当上了事业部长。同时，令老上司惊奇的不仅是他的职位，而且言谈中老上司体会到，这位工人已经是一个颇有人格魅力且很有见识的优秀领导。老上司对他说：“取得今天这样的成就，你很棒！”

的确，这位工人看上去毫不起眼，只是认认真真、持续努力地工作。但正是这种坚持，使他从平凡变成了非凡，这就是坚持的力量，是踏实认真、不骄不躁、不懈努力的结果。

事实上，现实的生活对每个人都是一场综合的考验，不会对谁网开一面。先贤们也曾给过我们训示：要志存高远，坚信“王侯将相，宁有种乎”，也要踏实奋进，懂得“一屋不扫，何以扫天下”的道理。踏实做事、本色做人，我们每个人才能在社会的浪潮中找到自己的位置，才能更加顺利地践行自己的理想。为此，青年朋友们，当理想和现实交织在一起的时候，你应该能把握二者的关系了。

因此，我们每个人都要有踏实肯干的精神，从现在起，无论是做事还是学习，你都要做到不腻烦、不焦躁，埋头苦干，不屈服于任何困难，坚持不懈。只要你坚持这样做，就能造就优秀的人格，而且会让你的人生开出美丽的鲜花，结出丰硕的果实。

## 行动的第一步是最难也是最重要的

一只鸟的翅膀再大，如果不努力振动，又怎能展翅高飞呢？一个人的才能再高，如果不努力拼搏，又怎能走向成功呢？一个国家的物产再丰富，如果不努力发展，又怎能屹立于世界民族之林呢？这一切都说明：再伟大的目标也要建立在行动的基础上。其实，梦想的实现也是如此，每个人的内心深处都埋藏着黄金，但唯有行动，才能让我们释放潜能、让我们发光发热。

然而，生活中人人都想成功，但却很少有人愿意为成功付出努力。而那些成功者之所以会成功，是因为他们即使害怕也会行动，而大多数人正是因害怕而没有作为。美国出类拔萃的商业家约翰·沃纳梅克这样说过："没有什么东西是你想得到就能得到的。"成功的人与那些蹉跎人生的人的最大区别就是——行动！如果你能追溯那些成功人士的奋斗之路，你就会感叹："难怪他会做得这么好！"什么样的行动才能获得最大的成功呢？那就是马上行动，说干就干！只要你敢于迈出别人不敢迈的那一步，你就能比别人快"半拍"，就能成为第一个吃螃蟹的人。

因此，我们每个人要想成功，就应该做到敢为人先，就要认识到行动的重要性。现代乃至未来社会，执行力就是竞争力。成败的关键就在于执行。

人生目标确定容易但实现难，如果不去行动，那么连实现的可能也不会有。没有行动的人只是在做白日梦，所以心动不如行动，勇于迈出行动的第一步，你成功的可能性就会提高，而光想不做，那你将永远没有实现计划的可能。

很多人都对未来做出了各种各样的构想，但真正执行的人，却少之又少。每每考虑到会有失败的可能，他们就退缩了。因为他们怕被扣上愚昧的帽子，遭到别人取笑。他们不敢爱，因为害怕不被爱的风险；他们不敢尝试，因为要冒着失败的风险；他们不敢希望什么，因为他们怕失望……这种可能会遇到的风险，让他们畏首畏尾，举步维艰，他们茫然四顾，不知道自己的出路在何方，殊不知，如果你连第一步都不敢开始的话，你永远不可能看到实现人生目标后的风景。

世上的事情没有一件是绝对完美或接近完美的，如果要等所有条件都具备以后才去做，只能永远等待下去了。如果一个人一直在想而不去做的话，根本成不了任何事。

总之，你需要记住，千里之行，始于足下；不积跬步，无以至千里；不积小流，无以成江海。凡事要想做大，都得从小处做起，从眼前最基本的事做起。如果一个人心里有远大的理想，却不愿意一步一步去努力，那他永远也不会有美梦成真的那一天。

## 梦想，是一步一步实现的

我们先来看一个年轻人的故事。

小陈是某名牌大学经济系的高才生，毕业前，他的梦想是考上国家公务员，如果不行，就考省里的，实在不行，市里的也行。这是他人生规划的一部分，他的梦想是在城里买个大房子，把父母接过来，然后在城里安家立业。然而，很多时候，现实与人的愿望相差甚远，他参加的这些考试，要么是成绩不理想，要么是面试没通过。那段时间，小陈一度认为自己的人生也就这样了。

后来，小陈终于走出了阴霾，他觉得考不上也可以去做别的，总有一条生存的路。于是，他开始找工作。他是个有抱负的人，他心想自己是个名牌大学的学生，能力也不比别人差，因此，一定要做出一番事业。终于，他投出的简历得到了回应。面试时，由于学历不错，长相谈吐也都大方自然，一些私企有意录用他当文员或者秘书。“办公室里的好多人员学历不如我，能力也不如我，我觉得大材小用了。”所以，辗转了好几个类似这样的工作，他就是做不长。

就在不知道何去何从的时候，他的表哥请他去家里坐了坐。“他连小学都没毕业，如今却开着名车，还娶了城里的漂亮媳妇。”小陈心里很不是滋味。

表哥告诉他：“其实，你应该感到幸福，你想想我，那时候，没有学历、没有背景，而你呢，有这么多人疼着你，还供你上了大学，长得一表人才，前途光明着呢，别丧气啊！人有时候就不能太较劲了，也不能急于求成，也不能把自己太当回事了。苦你得吃得，气你得受得。你哥我不就是盘子端过、碗洗过，被人骂过，一步一个脚印，脚踏实地，才有了今天。”表哥的经历让小陈彻底明白了一个道理：要想成功，起点固然重要，但脚踏实地地努力更重要。

现在的小陈已经大学毕业两年了，他最终明白了一个道理:找不到理想的工作，与其自暴自弃，怨天尤人，还不如踏踏实实，在一个自己还有一些兴趣的岗位上一步一个脚印走。于是，后来，小陈开始平静下来，在省城一家四星级酒店找到了工作，现在他已经是前台经理了。

生活中，可能有很多人都和小陈有着相同的经历，满腔热血却被现实浇灭，但扪心自问，问题却在自身，与其打着灯笼满世界找满意的工作，不如踏实下来，勤奋工作。要知道，没有伟大的意志力，就不可能有一番成就。可能目前这份工作让你感到很沮丧，让你觉得前途渺茫，但你真的做到了勤恳工作吗？既然没有，那么，何不尝试一下呢？努力工作，你会发现，成长始终伴你左右！同样，生活中的人们，你也应该深知，要想实现梦想别无他法，只有脚踏实地。

其实，生活中，那些成功者往往是那些做“傻”事的笨人，输得最惨的却是那些聪明人，那些笨人深知自己不够聪明，所以他们努力学习、埋头苦干，最终他们如愿以偿了。而聪明人做事时则不肯下力气，总想着要小聪明，投机取巧，往往输得很惨，所以智慧和实干比起来，实干更加不可或缺。

## 生命不息，学习不止

现实生活中，我们每个人都有自己的理想，并渴望成功，而最终能成功的人只不过是极少数，而大多数人之所以不能成功，是因为他们往往空有大志却不肯低下头、弯下腰，不肯静下心来努力学习、从身边的本职工作开始积聚自己的力量。要知道，只有一步一个脚印，踏实、不浮躁地学习，才能为成功奠定基础。而实际上，这正是生活中的不少人所欠缺的，他们总是怨天尤人，给自己制定一些虚无缥缈的终极目标。而每一个成功者，他们的成就都不是一蹴而就的，他们成功的不变因素就是努力学习。

著名政治家、科学家乔纳森·威廉斯说：“不管你有多么伟大，你依然需要提升自己，如果你停滞在现有的水平上，事实上你是在倒退。”

美国前副总统亨利·威尔逊，出生于一个贫苦的家庭，当他还在摇篮里牙牙学语的时候，贫穷就已经向他露出了狰狞的面孔。威尔逊10岁的时候就离开了家，在外面当了11年的学徒工，每年只能接受一个月的学校教育。

在11年的艰辛工作期间，他已经设法读了1000本好书——这对于一个农场里的孩子，是多么艰巨的任务啊！在离开农场之后，他徒步到100英里之外的马萨诸塞州的内蒂克去学习皮匠手艺。

在这样的穷途困境中，威尔逊暗下决心，不让任何一个发展自我、提升自我的机会溜走。很少有人能像他一样深刻地理解闲暇时光的价值。他像抓住黄金一样紧紧地抓住了零星的时间，不让一分一秒无所作为地从指缝间白白流走。

12年之后，他在政界脱颖而出，进入了国会，开始了他的政治生涯。

威尔逊的成功，就是勤奋学习的结果。当今社会，日益激烈的竞争告诉我们每个人，只有知识才能改变命运，只有学习才能突破局限，才能具备竞争力。

CNN电视台名嘴赖瑞金曾邀请了全美四十三位精英人士参加自己的节目，而讨论的话题是如何迎接新世纪，他希望这些精英们能给出一些箴言。结果他发现，这些精英人物提到最多次的字眼就是“改变”和“学习”。基于这些想法，赖瑞金去了一趟国会图书馆，在那些年龄足有百岁的老式报纸中，他发现，人们在一百年前就给出了类似的箴言，就连那些字眼都一模一样。

奥马尔·纳尔逊·布莱德雷将军就十分注重文化素养的培养。他认为有知识素养，善于思考和处事灵活的士兵，才是最有价值的士兵。并且他还曾这样说过："在西点任教，不仅使我的洞察力更为敏锐，也大大开阔了我的视野和心胸，令我变得成熟。那些年，我开始认真读书，研究军事历史和人物传记，从前人的错误中学到了很多东西。"

的确，知识就是力量，学习是使人的精神变得勇敢的最好途径。对此，你可以做到以下3点。

1.多考虑自己的现在和未来，认识到学习的重要性

实际上，我们都知道学习的重要性，但这些往往是泛泛之谈，并不能起到任何实质性的作用。而一旦将这些想法与自身情况相结合，比如根据自己的兴趣树立人生目标和理想，这一想法就具备了可实施性。

2.树立不断学习的理念

学海无涯，知识是没有尽头的，而同时，现今社会知识更新速度之快，更要求你具备不断学习的理念和行动力。

3.付诸行动，坚持每天学习

任何知识的学习都需要持之以恒地坚持才能收到效果，也只有这样，才能不断拓展自己在该领域的认知度和专业度。

总之，没有哪个人可以永远独占鳌头，在瞬息万变的世界里，唯有虚心学习的人才能够掌握未来，才能获得自己想要的成功。

## 深钻一个领域，才能有不俗成绩

我们都知道，将任何有意义的事情做好，是成功的前提。因为你比别人多付出，你在实际工作中也比别人想得更周到。成就绝非朝夕之功，凡事必须从小做起。我们需要记住的是：你不会一步登天，但你可以逐渐达到目标，一步又一步，一天又一天。别以为自己的步伐太小，无足轻重，重要的是每一步都踏得稳。所以，成功绝不是偶然的，成功者都懂得积累实力，因为只有深入地钻研，才有可能取得傲人的成绩。

现在的你可能正在从事一项简单、烦琐的工作，你感受到了前所未有的压力，感受到自己的前途渺茫，但请你记住，只要你坚持下去，把自己的工作做精，你就能做出成绩来，而如果你总是浅尝辄止，总是认为手头的工作不重要，那么，你永远也不可能成为某一方面的专家，你又怎么可能抓住机遇、最终成功呢？

20世纪80年代，美国有一家著名的机械制造公司，这家公司生产的产品远销全世界，因此，它实力雄厚，并代表着当时重型机械制造业的最高水平。大公司门槛高这句话是有道理的，很多毕业生都向这家公司投递了简历，但都被无情地拒绝了，因为该公司的技术人员已经足够了，不再需要各种技术人才。但该公司丰厚的待遇和令人羡慕的社会地位还是吸引了很多人前来求职。

这群求职者里有个叫史蒂芬的人，他是哈佛大学机械制造业的高才生。他和许多人的命运一样，在该公司每年一次的用人测试会上被拒绝了。史蒂芬并没有死心，他发誓一定要进入这家公司。于是，他决定先“混”进这家公司再说。他先找到公司人事部负责人，提出可以无偿为这家公司提供劳动力，只要能让他在这家公司工作，他可以不计报酬，并能完成公司安排给他的任何工作。这位负责人起初觉得这简直不可思议，但考虑到不用任何花费，这位负责人还是答应了，并安排他去车间扫废铁屑。

这份工作是没有报酬的，史蒂芬还得养活自己，于是，在一年的时间里，他白天在这家公司勤勤恳恳地工作，晚上还得去酒吧打工。

令史蒂芬失望的是，虽然他得到了所有同事和负责人的认同和好感，但公司却并没有提及正式录用他的事。然而机会很快来了。在20世纪90年代初，公司的许多订单都被退回了，理由均是产品质量问题，公司因此蒙受了巨大的损失。公司董事会为了挽救颓势，紧急召开会议商议对策。当会议进行了很长时间却未见眉目时，史蒂芬果断地闯入会议室，提出要见总经理。

在会上，史蒂芬慷慨陈词，对公司出现这一问题的原因作了令人信服的解释，并且就工程技术上的问题提出了自己的看法，随后拿出了自己对产品的改造设计图。这个设计非常先进，恰到好处地保留了原来机械的优点，同时克服了已出现的弊病。总经理及董事会的董事见到这个编外清洁工如此精明在行，便询问了他的背景以及现状，而后，史蒂芬被聘为公司负责生产技术问题的副总经理。

原来，史蒂芬这是退而求其次的一种办法，当他被拒绝后，他想方设法留在这家公司，是为了更彻底地了解这家公司。于是，他在做清扫工时，利用清扫工需要到处走动的特点，细心察看了整个公司各部门的生产情况，并一一作了详细记录，发现了所存在的技术性问题并想出了解决的办法。为此，他花了近一年的时间搞设计，获得了大量的统计数据，为会上的出色表现奠定了基础。

史蒂芬为什么能一举成功，让公司高层领导对其能力加以肯定并由一名小小的清洁工成功晋升为副总经理呢？原因很简单，他懂得厚积薄发，伺机而动。他做足了充分的准备工作，才能在该公司最需要自己的时候及时出现，以自己过硬的专业知识帮其解决了这项技术问题。我们设想一下，假如他空有为公司担当的勇气而没有一个完备的表现自己的计划，没有过硬的实力，那恐怕这种表现只会适得其反。

可见，在某一行业或者某个领域内做精、学精，远比涉猎众多领域来得更有效用，厚积才能薄发，我们每个人都要在自己的领域里沉淀下来，只有这样，你才能抓住机遇，一飞冲天。

## 想太多会让你与机会失之交臂

我们都知道，不懈地努力是实现目标与获得成功的唯一途径，然而，我们也不能否认机遇的重要性，抓住机遇，这样，你就能独占鳌头、获得成功，然而，任何机会都不会自动降临，它总是属于有头脑、有行动、有准备的人。机遇，是瞬间的命运。

的确，机遇来临时我们常常需要做抉择——实行或者不实行，我们总是试图通过我们最精确的思维，获得我们最想要的结果。但实际上，很多时候，正是因为我们思考过多，而导致了我们瞻前顾后，不敢行动，成功的机会也就在“做”与“不做”之间流失了。留下的也只有遗憾。

《聊斋志异》中有一则叫作“牧童逮狼”的故事：

两个调皮的牧童进入深山，看到一个狼窝，发现了两只小狼崽。他们准备带走这两只小狼崽，老狼看到后，心急如焚，就准备抢回小狼崽。

聪明的牧童，瞬间就抱着小狼崽分别爬上两棵大树，两树相距数十步。老狼在树下准备救狼崽，但却发现两只狼崽被放在不同的树上。

一棵树上的小狼害怕得嗷叫连天，老狼闻声奔来，气急败坏地在树下乱抓乱咬。此时，另一棵树上的小狼在兄弟的感染下也连声嗷叫，老狼又闻声赶去，老狼不停地奔波于两树之间，最终累得气绝身亡。

这只狼之所以累死，原因就在于它企图救回自己的两只狼崽，一只都不想放弃。实际上，只要它守住其中一棵树，那么用不了多久就能至少救回一只。

我们没有理由说狼很笨，因为有时人比狼都笨。古人讲："用兵之害，犹豫最大；三军之灾，生于狐疑。"就是这个道理。

可见，我们在做判断的时候，对世俗复杂环境我们能避开的就避开，不要轻信别人的胡言乱语，人要有自己的主见。你要有坚定的信念，只有自己当机立断，相信自己的判断和能力，远离小人，你的事业才会成功。

同样，这个道理同样可以运用到如何抓住机遇上，生活中的你，在决定某一件事情之前，你应该运用全部的常识和理智慎重地思考。如果发现好的机会，就必须抓紧时间，马上采取行动，才不会耽误时机。如果犹豫、观望而不敢决定，机会就会悄然流逝，令你后悔莫及。瞻前顾后的行动习惯使人丧失许多机遇，很多时候，很多事情，如果我们能横下心去做，结果就会大不相同。

的确，工作和生活中，不乏这样的人，他们计划多，行动少；幻想多，实干少。因为他们在准备实践的时候，总是考虑这个考虑那个，而这样，肯定会错失时机，后悔莫及。最大的成功并不是那些在嘴上说得天花乱坠的人，也不是那些把一切都设想得极其美妙的人，而是那些脚踏实地去实干的人。其中，成功素质不足、自信不足、心态消极、目标不明确、计划不具体、策略方法不够多、知识不足、过于追求十全十美，这些都是他们瞻前顾后、不敢行动的原因。

要想放下这种忧愁思绪，自然得先训练自己对真理的判断能力，但最重要的还是要训练自己在判断之后，坚定、勇敢、自信地去把这个判断付诸实践的能力。对一个坚决朝向目标前进的人，别人一定会为他让路，而对一个踌躇不前，走走停停的人，别人一定会抢到他前面去，决不会让路给他。

那么，如何克服犹豫不决呢？经验证明以下方法卓有成效，不妨一试：做事时，要有“今天是我们生命中的最后一天”的“荒诞”意识。

“假如今天是我生命中的最后一天”，这是美国畅销书《世界上最伟大的推销员》作者奥格·曼狄诺的一句话。的确，无论是谁，无论是想干一件什么事，如果优柔寡断的话，就会一事无成，而这种意识，恰恰是一把利刃，可立即斩断你的忧思愁绪，也像一口警钟，督促你当机立断，刻不容缓。

同时，你还要放下包袱不顾一切，要有一种豁出去的心态。“大不了就是做错了”“大不了就是被人笑话一顿”，而这些又能对你怎么样呢？一旦你有了这样的意识，肯定就会敢作敢当，优柔寡断的现象肯定会在你身上消失得无影无踪。

不要小看了优柔寡断的习惯给我们带来的副作用，许多足以改变命运的契机，都因为我们的优柔寡断而与我们失之交臂，永不再来。

犹豫是成功的大忌。那些总是瞻前顾后的人，总是平白失去很多机会。要想成功，就要有抛却一切顾虑的勇气，心动不如马上行动，别等到机遇离去时才感到惋惜。

# 第 7 章

## 想得太多，就会让思想陷入沼泽

我们的生活是由无数件事情组成的，或者是大事情，或者是小事情，或者已经成为过往，或者正在发生。倘若我们每天“琢磨”这些事，把这些事情无一例外地收纳进心底，就会使自己的心灵不堪重负，使人生的道路越走越沉重。为了轻松自在地行走人生，我们应该学会少想多做，丢弃那些不必要的想法，做到轻装上阵。

## 别为那些与你无关的事伤脑筋

人是群居动物，每个人都无法脱离社会独自生活，因此，每个人都难免要与别人打交道。所以，人们总是在忙着处理自己的事情和别人的事情，评价别人并且也被别人评价着。其实，很多时候，人们之所以感觉活得很累，就是因为总是在乎那些与自己无关的事情。

小静是家里的老大，有一个弟弟。上大学的时候，小静去了上海，后来，大学毕业后就留在了上海工作。又过了几年，弟弟也大学毕业了，并且也奔着小静去了上海。最初的几年，小静为了弟弟可没少操心，父母不在身边，小静无形中承担了母亲的角色，经常给弟弟洗衣服、做饭。后来，小静结婚了，有了自己的家庭，还添了个小宝宝，生活突然就变得忙碌起来。为此，小静的丈夫郭峰建议小静别再让弟弟来家里吃饭了，因为小静一个人既要忙家务，又要照顾宝宝，特别累。但是，小静却一直不听郭峰的劝告，还为此和郭峰吵了几次架。

其实，郭峰说得很有道理，小静的弟弟已经27岁了，完全可以独立生活，小静这样处处照顾他，不但自己很累，还会使弟弟形成依赖心理，永远也长不大。但是，小静总是认为父母不在身边，自己就应该照顾弟弟。就这样，生了宝宝半年多的时候，小静因为过度劳累病倒了。这一病，孩子也没人照顾了，不得不送回老家给公公婆婆照顾，小静在病床上躺了一个多月。在这一个多月里，小静虽然很惦记弟弟和老公，但是却心有余而力不足。出院那天，她惊讶地发现家里非常干净整洁，而且弟弟还做了一桌子好菜。小静从来不知道弟弟还会做饭，惊讶得嘴巴半天都合不拢。经历了这次生病，小静采纳了郭峰的建议，让弟弟去过独立的生活了。出乎她的意料，弟弟生活得很好，休息的时候还会做一些好菜带给姐姐、姐夫吃呢！

事例中，小静因为不放心弟弟，在生了宝宝之后，依然竭尽全力地照顾他。而实际上，弟弟已经成年了，完全有能力独立生活，根本不需要别人的照顾。直至病倒，小静才意识到这个事实。其实，小静之所以活得这么累，都是因为太在乎与自己无关的事情了。如果她能够放开心怀，自己就能够更加轻松、快乐地生活。

总体来说，与自己无关的事情包括三种。

第一种是与自己的亲人、朋友有关的事情。实际上，每个人都有自己的生活，即使是自己子女的生活，作为父母，也是无权代办或者干涉的，因此，要学会放手，让身边的亲人和朋友自主地选择自己的生活。

第二种是发生在别人身上的好事。其实，按照道理来说，发生在别人身上的好事，既然没有损害自己的利益，那么实际上是与自己没有关系的。但是，古人云，不患寡而患不均，所以，假如好事落到了自己身边的人身上，自己就难免会有酸葡萄心理，或者觉得愤愤不平。这种情况，尤其以同事之间最为常见。

第三种是别人的流言蜚语。在生活中，每个人都摆脱不了流言蜚语，不管你是明哲保身也好，还是你是个满嘴八卦的大嘴巴也好，总是会有或多或少的流言蜚语围绕着你。这些别人对你的评价，只要不属于人身攻击的范畴，其实是与你没有太大关系的。生活在这个社会上，每个人的脾气、秉性、喜好都不一样，所以一个人不可能得到所有人的喜爱、肯定和表扬，因此，一定要学会坦然地面对别人的评价，无论别人的评价是好还是坏。毕竟现代社会，讲究言论自由，每个人都有发表看法的权利。

很多时候，面对流言蜚语，越是辩解反而越容易乱上加乱，所以，应对流言蜚语的最好办法就是不辩自明。这样一来，流言蜚语就会不攻自破。如果你一不小心成为众矢之的，记住，千万不要费尽唇舌为自己辩解，也不要在乎别人说了什么，你首先和唯一要做的就是做好自己的事情。作为一个人，必须相信自己，认可自己，只要自己觉得是问心无愧的，就要坚持做最好的自己。通常，假如不在意别人怎么评价你，怎么编造关于你的是非，或怎么恶意攻击你，那么，你的大度和宽容最终会使人们认识真正的你，进而认可你、肯定你。

## 过去的事不必再占用现在的心神

人不能活在未来，因为未来是未知的，非常神秘；人也不能活在过去，因为过去已经成为历史，一去不返，无法改变；人唯一能够真切把握的就是今天，所以我们要活在当下。很多时候，人们无限憧憬美好的未来，把一切希望都寄托在虚无缥缈的未来上，因此浑浑噩噩地生活；很多时候，人们因为过去所犯的错误久久不能释怀，甚至因此而惩罚自己。其实，这两种做法都是不正确的，正确的做法是把握好今天，活在当下。假如一味地沉湎于往事，特别是那些不愉快的经历，不仅会破坏你的好心情，还会损害你的身心健康。假如一味地沉湎于过去的光荣事迹，就会使你不停地抱怨现状。俗话说，好汉不提当年勇，正是为了让人们在今天再接再厉，努力地生活。

实际上，过于纠结往事，会使人们的心灵背负沉重的包袱，无法得到放松。安东尼·罗宾在演讲的时候，总是要对年轻人说：“今天才是我们生活的日子，也是我们在历史上唯一生存的一段时间，所以，所谓‘美好的古老时光’指的就是今天。只有今天，才是属于我们的时代。我不曾向你们诉说悲惨的一面，也不曾向你们描绘美好的一面，更不会向你们灌输过度的克服生存危机的乐观思想。我唯一想要告诉你们的是，生活中，每一个人都无法避免变化和挫败。”由此可见，对于任何一个试图克服生存危机、更好地生活的人而言，都必须让生命回到现在。

很久以前，有一位德高望重的大师。他见解深邃，学识广博，普济众生，乐于助人，人们都非常信任和尊重他。所以，每当人们因为某些事情感到困惑不已的时候，就喜欢来找大师帮忙解决。

有一天，一个年轻人气喘吁吁地背着个大包袱来找大师。他刚刚进门看到大师，就神情沮丧地说：“大师，我特别寂寞，特别孤独，觉得生活无比沉重，不仅没有轻松的时刻，也没有欢乐的感觉，我应该如何是好呢？”

大师看了看年轻人，又看了看年轻人身上的大包袱，笑着问他：“施主，你的包袱非常大，里面装的是什么呢？”

年轻人伤心地叹了口气，说：“唉！还能有什么呢？这个包袱里，除了烦恼，就是忧愁，当然，还有我遭遇失败时所经历的痛苦，以及每次受到伤害时的眼泪。正是这些，使我对生活越来越失望，甚至是绝望。”

大师缓缓地站起身来，一句话都没说，只是用手指着前边的路，用眼神示意他——跟我走……年轻人跟随大师来到湖边，乘船渡到湖的对岸。上岸后，大师一本正经地对年轻人说：“我已经把你渡到对岸来了，下面的路应该你自己走了，请你扛着船上路吧。”年轻人大吃一惊，疑惑地问：“大师，你一定是在开玩笑吧！船这么重，我怎么可能扛得动呢？”

大师仍然郑重其事地说：“的确，我当然知道你肯定扛不动它。在渡河的时候，对我们来说，这艘船特别重要，但是，过河之后，我们首先要做的就是舍船登陆。假如你在渡河之后还把船当成包袱背在身上，那么，你必将寸步难行。同样的道理，在人生的旅途中，难免要经历孤独、寂寞、痛苦和眼泪，不过，它们都是难得的经历，能够使你变得更加成熟和豁达。正如这条船，正是因为有了它们，你的生活才会变得更为丰富多彩。反之，假如你始终陷在往事之中难以自拔，甚至因此而影响了自己未来的生活，那么，这些宝贵的经历和经验就会成为难以承受的生活重负。一旦背上它们，你的人生之路就会变得越来越难走。”

听了大师的话，年轻人沉思不语。

大师继续说："年轻人啊，要想轻装上阵，走好生活之路，就要及时地放下难以背负的沉重包袱。"

至此，年轻人恍然大悟，连声说："谢谢大师的点化！"说完，他马上按照大师的开导，高兴地放下包袱，步履轻盈地走向宽阔、光明的人生大道。

在大师的点化之下，年轻人恍然大悟——这是多么通俗易懂的点化！人生真正的快乐在于放下多少，而不在于拥有多少。只要我们真正放下那些沉重的包袱，就能够自然而然地境由心转，海阔天空。有时，正是因为沉湎于过去的伤害和问题，人们才难以摆脱愤怒、沮丧、痛苦和绝望的情绪。事实证明，你越是念念不忘过去的那些事情，那些事情就会变得越来越沉重，你的心情也就会变得越来越糟糕。只有让过去的成为过去，彻底放下或者忘记，你才能轻松地继续前行。

要想使自己变得轻松愉快、自由自在，就要尽量放轻松些，不要被沉重的思想包袱压得气喘吁吁。只有放下那些包袱、烦恼、不愉快的往事，才能快乐、轻松地享受生活，体会到人生真正的幸福。

## 消极的心态是生活无形的杀手

人的意识主要有两个层次：意识和潜意识。当意识做决定时，潜意识则做好所有的准备。换句话说，意识决定了“做什么”，而潜意识便将“如何做”整理出来。意识就好像冰山浮出水平线上的一角，而潜意识就是埋藏在水平线下面很大很深的部分。

所以，要想得到快乐，请记住：“每天一早想想你得意的事情，不要将注意力集中在烦恼上。”

现实生活中，我们难免会遇到一些影响情绪的问题，但只要我们积极面对，相信自己能成功，相信自己能获得快乐，那么，我们就能获得成功，获得快乐。

有一天，在某个公交站牌处，一个小女孩和妈妈起了争执。

小女孩有点儿生气地对妈妈说：“我就要去海边玩，为什么你不让我去！”

妈妈劝她：“不是早说过了吗，今天出太阳了咱就去，但今天没有出太阳啊，而且天气预报说可能要下雨呢，还是改天再去吧。”

“妈妈骗我，今天出太阳了……”

妈妈笑了起来，问道："哪里有啊，不要骗人，你说说，太阳到底在哪儿。"

小女孩抬起头来，东看看西瞧瞧，然后指着天空喊："不是在那儿嘛。"

"没有啊，那只是乌云而已呀。"

"对呀！"没想到，小女孩一副非常认真的样子，"太阳就躲在乌云的后面呢，等一会儿乌云一走开，不就出来了吗？"

听到小女孩的话，所有等车的人都笑了。

对于积极的人来说，太阳每天都在天空中，虽然有的时候我们看不见它，但那只是因为它正躲在云的后面，而乌云总有散开的时候，就如人生总有诸多的幸福会接踵而来一样。对你来说，乌云密布的时候，你是怎样看待的呢？如果你也能看到乌云后的太阳，那么，你就也是个积极的人。

事实上，人的潜意识是能选择快乐的，一个人快乐与否，完全决定于个人对人、事、物的看法如何。如果我们想的都是欢乐的念头，我们就能欢乐；如果我们想的都是悲伤的事情，我们就会悲伤。的确，人生在世，快乐地活着是一生，忧郁地过也是一生，是选择快乐还是忧郁，这完全取决于做人的心态，正确的做法就是不断地培养自己乐观的心态，远离悲观，它既是一种生活艺术，又是一种养生之道。

生活中，我们经常听到有些人说“点头微笑，低头数钞票”“和气生财”“家和万事兴”之类的经验，这些都充分说明了一个道理：只有时时保持一种积极的人生态度才有获取成功的希望。我们只有在心里编辑出一道积极的心理公式，才能得出幸福的结果。因为任何人的一生，都需要我们用心来描绘，无论自己处于多么严酷的境遇之中，心头都不应为悲观的思想所萦绕，应该让自己的心灵变得通达乐观。

的确，积极的人，满世界都是“鲜花开放”，而悲观者看人生，则总是“悲秋寂寥”。譬如，同样是春雨霏霏，有人看到的是漫步雨中的浪漫，有人却想到的是潮湿天气带来的不便。同样是漫天繁星，一个心态积极的人可在茫茫的夜空中读出星光的灿烂，增强自己对生活的自信，而一个心态不正常的人则让黑暗埋藏了自己，而且越葬越深。罗根·史密斯说过这样一段话，言简意赅，他说：“人生应该有两个目标，第一个是得到自己想要的东西；第二个是充分享受它。只有智者才能做到第二步。”

同样，生活中的人们，无论过去你曾经遇到过什么磨难，你都要学会自我调节，这样，在未来荆棘密布的人生道路上，无论命运把你抛向任何险恶的境地，你都能做到积极、快乐地生活！为此，你可以这样调整自己的心理状态。

1. 相信自己能做到

日本作家中岛薰曾说：“认为自己做不到，只是一种错觉。”悲伤是一种消极的情绪，它会让你产生挫败感，让你认为自己什么都做不到，而实际上，很多时候，正当你绝望时，希望就在前方等着你。因此，只有你放下悲伤，以积极的心态去面对生活的挑战时，你的生命才会有无限的可能。

2. 告诉自己能得到幸福

相信自己能够成功，往往自己就能成功，这是人的心理在起作用。同样，一个人要想获得幸福也是如此，一个人总想着幸福，就会幸福；总想着不幸，就会不幸。人们常说的心想事成，就是这个道理。

传说，有个勤奋好学的女裁缝，有一天去给法官缝补法袍，她不但缝补得很认真仔细，还对法官穿的法袍进行了修改。有人问她其中的原因，她解释说：“我要让这件袍子经久耐用，直到我自己作为法官穿上这件袍子。”后来，这位裁缝果真成了一名法官，穿上了这件袍子。

所以，抛却那些伤心的往事吧，抛却那些失败后的懊恼吧，若想开心地生活，就必须勇于忘却过去的不幸，重新开始新的生活。

总之，我们每个人，在生活中都有可能遇到一些不顺心之事，也有可能遇到重大挫折，而积极是生活的一味良药，伤心的时候乐观一点，孤独的时候去寻找快乐，热情而积极地拥抱生活，幸福就会像天使一般无声无息地降临到你的身边。

## 舍小谋大，方有所得

生活中，在我们的周围总是有一些人，他们总以为自己很聪明，懂得抓住眼前利益，而事后他们发现，原来自己是在舍本求末，自己因为贪图一时利益而失去了更大的利益空间。相反，那些智慧之人，往往都具有更长远的眼光，他们在行事之前都会权衡利弊得失，更不会因为一些蝇头小利而一叶障目，他们懂得放下。可见，眼光在生命的价值中折射出舍得的智慧。具备长远的眼光，放下小利，方可成就大业。

从前，在英国的一个古镇上，住着一个六十几岁的富有老绅士，可惜的是，他膝下无子。他年纪越来越大，也开始考虑要找个继承人了，最关键的是，他也需要人照顾。他想从村里的这些孩子中挑选出一个，可是，该选择谁呢？他最欣赏那些能抵御住诱惑的孩子。

镇上的很多孩子在知道老绅士要寻找一个财产继承人后，都纷纷给老绅士写信。很快，老绅士就收到了二十多封求职信。

这天早上，三个打扮得干净利落的少年出现在了老绅士的客厅。

老绅士先考核的是一个叫杰克的人，他被带到了一个房间，然后，引他进门的人便出去了。杰克一人坐在了沙发上，刚开始，他等待着老绅士的到来，但一小时过去了，还没人敲门，他就躁动起来了，他才发现，原来房间里有这么多好东西。他终于站了起来，东瞧瞧，西看看。他发现，房间的桌子上放了一个罩子，他心想，罩子下面不是美味的蛋糕就是诱人的饮料，于是，他掀起了罩子，结果，他看到的却是一堆轻飘飘的羽毛，因为他掀罩子的力气太大，这些羽毛已经飞起来了，杰克意识到自己可能错了，但羽毛已经飞得满屋子都是了。最终，他被老绅士打发走了。

接下来被考验的是亨利，他所在的房间里，放了很多他喜欢吃的葡萄，他忍了好久，终于偷吃了一颗，吃完，他后悔了，但他又马上安慰自己，没事的，反正这么多，吃一颗不会被人发现的。吃完以后，他想，葡萄真的好吃，再吃一颗吧，他真的又拿起了一个。其实，老绅士在这盘葡萄里做了“手脚”，他悄悄放了一个辣椒，亨利不小心吃到了，他的喉咙像着了火一样。结果，他也被老绅士打发走了。

最后考验的是哈利，他是个守规矩的孩子，他一直在房间里坐着，周围好吃的、好玩的东西太多了，但他一直没动。半小时后，他被许可为老绅士服务。就这样，哈利一直服侍老绅士直到他离开人世。老绅士临死之前，将所有的财产都送给了哈利。

生活中的我们就像是故事中的杰克和亨利一样，总是忍不住被眼前那些蝇头小利诱惑，而最终失去了更长远的利益。其实，这些小利益，之所以那样吸引人，在于它本身就是带刺的玫瑰，表面上看着美丽，实际上却是不折不扣的陷阱。在通往成功的路上，我们会面对不同的利益诱惑，只要我们能够忍耐欲望的吞噬，按捺住内心的悸动，那最后的胜利就是属于我们的。

只是更多的时候，我们舍不得放弃手头实实在在的利益，心里想的也是怎样保证眼前的利益不受损失。殊不知，这样做只会任机会溜走，不但不会有所得，严重时甚至会失去更多。舍小利以谋远，关键在一个“舍”字，只有舍得，才能获得。

事实也证明，懂得放弃眼前的利益，甚至是吃点小亏的人，最终获得的会是比当时还要大上几倍甚至几十倍的收益。在现实生活中，无论是与人竞争还是与人合作，我们都不要总是计较眼前的利益，而是要把眼光放长远一点，懂得从长远利益出发，舍小利为大谋，这正是一种人生的博弈智慧。

## 做人潇洒点，不为小事所累

生活中的你，曾经注意过婴儿的笑容吗？那么纯真干净，像太阳一般和煦，简直能够温暖整个世界。为什么婴儿的笑容有如此大的魔力，但是成人的笑容却显得那么僵硬呆板呢？是因为婴儿的心中没有小事儿的烦恼，在婴儿的眼中，整个世界都是明亮的、充满希望的。而在现实生活中，总是有各种各样的琐碎小事烦扰着我们。假如你没有一颗超脱俗世的开阔心胸，就会被这些事情牢牢地缠绕住，无法脱身。

在山坡上，有一棵历经沧桑的大树，它见证了几千年的岁月变迁，闪电不曾击倒它，狂风不曾使它踉跄，暴雨也无法使它动摇，但是，这棵无比坚强的大树最后却被一群小甲虫毁掉了。这群小甲虫从大树的内部不断地吞噬它，虽然每一次撕咬的力量都非常微弱，但是日久天长持续下来却使这棵大树轰然倒塌。就像在生活中，人们很少被大的困难和阻碍击垮，但是却会因为小的困难和阻碍动摇信心，甚至失败。在面对突如其来的灾祸时，我们总是能够团结一致，众志成城。但是，当安然度过大灾大难，我们却因为没钱买房、没钱买车、没钱买自己想要的衣服而郁闷不已，甚至和家人大吵大闹。很多健康的人，因为自己太胖、太瘦、太高、太矮而发愁。很多家长，因为孩子学习成绩不好而大发雷霆。但是，一旦遇到生命危险时，你会发现这些原本使自己发愁的事情都显得那么渺小、荒谬、不值一提。此时此刻，你也许会后悔不已地对自己说：假如我还能有机会看见明天的太阳，我将永远也不再为那些微不足道的小事烦恼。无论何时，记住，人生苦短，有很多美好的感受值得我们去体味，不要为小事浪费美好的时光。

确实，在生活中有很多人都是这样的。在面对大风大浪的时候，他们镇定自若。但是，在面对一些琐碎的事情时，他们反而乱了阵脚，或者大发雷霆，或者无言以对，或者暴跳如雷，或者歇斯底里。

王明是一位留美的计算机博士，毕业之后，他打算在美国找工作。于是拿着自己的各种证书，以及一些在学校所获得的奖项证明，四处奔波找工作。可是，两三个月过去了，他还是没有找到合适的工作，因为他所选择的公司都没有录用他，而那些愿意录用他的公司却又是他瞧不上的。他没有想到，自己堂堂一个博士生，居然沦落到高不成低不就的尴尬处境。思前想后，他决定收起自己所有的证书与奖项，以一种最低的身份前去求职。

没过多久，他就被一家公司录用为程序输入员，这份工作相当简单，对一个博士生来说简直就是大材小用。但王明并没有抱怨什么，即使是最简单的工作，他依然干得一丝不苟。就这样干了一个多月，上司发现他能迅速看出程序中的错误，这可不是一般的程序输入员可以做到的，这时候，王明向上司亮出了学士学位证，上司知道了他的能力，马上给他换了一个与大学毕业生身份相匹配的职位。又过了一个月，上司发现他经常能够提出一些独到的有价值的见解，远远比一般大学生要高明。这个时候，王明又亮出了硕士学位证，上司又立即提升了他的职位。再过了一个月，上司觉得他还是跟别人不一样，就开始有意识地询问他，这时候，王明才拿出了自己的博士学位证，上司对他的能力有了全面的认识，毫不犹豫地重用了他。

当王明陷入了找工作的困境时，他放弃了自己的所有证书，以一个最普通的身份去应聘，并获得了一份工作。我们可以想象，一个有着博士学位的人，去做一个普通的职员，那该是多么的不甘心。但王明忍耐了下来，他在等待机会，终于，老板开始看到他的能力，并渐渐地重用他，最终他获得了自己应有的位置和价值。

每一个人都希望自己的人生是成功的人生。但是，很多人却总是过于在意一些无关紧要的小事，为了解决这些事情，他们白白地浪费了很多宝贵的时间。因此，随着时间一点一滴流逝，我们失去了获得成功的主动权和大好机会。为了避免这种情况的发生，我们一定要忘记那些不值一提的小事，更不要为那些小事而烦恼，而是要开阔自己的心胸。古人云，宰相肚里能撑船。纵观古今中外，凡成大事者，很少有小肚鸡肠、心胸狭隘的人。总而言之，我们应该时常净化自己的心灵，重塑自己的灵魂，使之越来越开阔，越来越宽容大度。

## 想要得太多，会得不偿失

我们都知道，人的精力是有限的，我们只有懂得舍弃，做最适合自己的事，才能身轻如燕地前行。

对此，我们始终要记住的一点是，这个世界的每一个角落，都充满了诱惑。各种各样的诱惑像空气一样，无所不在，无孔不入。我们只有始终告诫自己别贪婪，才能找到自己的位置，才不会迷失自己。

人的一生中，总要面对各种选择。很多时候，还必须对遇到的多种可能做出单项选择。例如，未婚时遇到了两个以上令自己心动的异性，有了幸福家庭后却又发现了让自己更为心仪的人；毕业生选择就业时遇到两份同样待遇丰厚、前景良好的工作；购物时，琳琅满目的商品哪样都令人爱不释手；等等。

一些看似无谓的选择其实是奠定我们一生发展方向的基础，古人云："不积跬步，无以至千里；不积小流，无以成江海。"无论多么远大的理想，伟大的事业，都必须从小处做起，从平凡处做起，所以对于看似琐碎的选择，也要慎重对待，考虑选择的结果是否有益于自己树立的远大目标。

在面临选择时，我们必须清醒地知道，我们需要什么，哪些才是对自己最重要的，哪些才是最适合自己的。

山神指引两个穷人到了一个巨大无比的宝库中。进门前，山神叮嘱他们，宝库开启的时间很短，拿到想要的财宝就赶快出来。其中一人进去后，拿了两块黄金就出来了。可另外一人看到里面耀眼的财宝，什么都想要，不知道该拿什么好，正犹豫间，宝库的大门紧紧地关闭了。

可见，有些选项看似诱人，但如果不适合自己，那就要果断舍弃。做出什么样的选择，要视自身条件和具体情况而定，要有主见，不能人云亦云。

有时候，我们选择的似乎只是处理问题的方式方法，但实际上也是在对自己的人品、人格作出选择。选择必须考虑到社会效益，不能因一时之快或蝇头小利而失去做人的道德、良心和他人的信任。

总之，人生的大多时候，无论我们怎样审慎选择，终归都不会是尽善尽美，总会留有缺憾，但缺憾本身也是一种美。既然做了选择就不要再后悔，只要是最适合自己的，就是明智、理性和智慧的选择。

# 第 8 章

## 增强内心的力量，静下来把一切看开

身处这个竞争激烈、纷繁复杂的社会中，每个人都感觉压力很大。不同程度的心理压力，都可能会引发人的身心疾患。轻者会引起一个人心理上的不健康，而严重者甚至会引起一些重大疾病。很多时候，我们的压力不只是来自外界，还有我们自身，压力的根源在于我们想得太多，而要消除这些心理压力，还需要我们学会放下。让心境简单，让一切顺其自然，有助于调节自己的心理，营造一种健康积极的生活状态。

## 想太多也会让你压力增大

一位作家曾说：“世界上最可怜的又最可恨的人，莫过于那些总是瞻前顾后，不知道取舍的人；莫过于那些不敢承担风险，彷徨犹豫的人；莫过于那些无法忍受压力，优柔寡断的人；莫过于那些容易受他人影响，没有自己主见的人；莫过于那些拈轻怕重，不思进取的人；莫过于那些从未感受到自身伟大的内在力量的人，他们总是背信弃义，左右摇摆，自己毁坏了自己的名声，最终一事无成。”有的人就是因为想太多，在得与失之间摇摆不定，才会觉得压力山大。

我们不要做这样胡思乱想的人，不要在生活中计较太多，不要做锱铢必较、追名逐利之徒。面对得失我们一定要有清醒的头脑，不要把得看得太重，在得的后面，可能潜藏着失，只有那些短视的人，才只顾眼前利益，看不见利益背后的隐患；而失的后面也有可能潜藏着得，只不过有的人因为目光短浅，只看到是一种失，便避之唯恐不及，从而与“失中之得”擦肩而过。

美国斯坦福大学的一项研究也表明，人的大脑中想象出的某一图像会像现实存在那样刺激人的神经系统。比如当一个高尔夫球手击球前一再告诉自己“不要把球打进水里”时，他的大脑里往往就会出现“球掉进水里”的情景，而结果往往事与愿违，这时球大多都会掉进水里。

我们每一个人几乎都有过这样的经历，我们越是专注于某一件事情，越是很难做好。而许多感觉实在难以完成的任务，心里不去想了，以听之任之的心态去对待，往往却又轻而易举地做好了。

想得太多，就是没有好的心态，没有把得失利害看透，没有把个人的地位、名声、利益这些东西置之度外。也就是为自己考虑过多，说到底，在于自己内心的那个“心魔”，这就是个人的得失，自己的利害。“心魔”缠绕，怎能不患得患失呢？所以说，我们要丢弃患得患失的种种计较，要把“怕”字换成一个“敢”字，把“拖”字换成一个“快”字，立即执行与实施。

可见，有时候思虑周全并不为过，但千万不能瞻前顾后。所谓不要瞻前顾后，就是不必想太多，不要考虑别人如何评价我们、如何看待我们，我们能得到什么回报、得到什么奖励和荣誉。别人的评价是在做完事情之后，而不可能在行动之前或同时给出，而且是在做过之后很长一段时间，才会有客观的、中肯的评价。那些及时的、同时的表扬和奖励都是安排的和鼓励性质的，不是真正客观、准确的评价。而事实上，许多事是应该用勇气和决心去争取的。

## 找出压力的源头并且清除它

随着社会竞争的日趋激烈，人们面临的压力越来越大，普遍感觉到生活不快乐、烦躁和痛苦。不堪背负的生活之重往往压得我们喘不过气来，因而在生活中，总能听到周围的人在不停地喊累，但却无法休息，生活就是如此，我们无力改变，唯一能做的便是学会卸下身上的重担，从根上认识压力的来源，调整好心态，轻松面对未知的每一天。

媛媛读完了中学，读大学，毕业后参加工作，每天忙忙碌碌的生活让她过得非常充实。可是，突然有一天，她发现身边的女孩子不是在热恋中，就是已经身为人母了，而28岁的她依旧是一个人，顿时，她感觉压力倍增。更重要的是，父母每天唠叨，也让她很烦。原来总是能一觉睡到天亮的她开始失眠了。

不是媛媛没有人追，而是以前她总是觉得自己还小，不是谈婚论嫁的时候，所以从来没有认真去考虑过。即使父母要求她去尝试的时候，她也总是淡然地说一句“我知道”敷衍过去。如今比她小好几岁的女孩子都结婚了，环视四周，只有自己是一个人的时候，她觉得是该考虑这个问题了。

可是，恋爱婚姻这种事情是需要一定缘分的。她也试着和身边的追求者接触，但没有一个让她特别喜欢。父母开始催促，朋友们也忙着介绍，可是见来见去，没有一个人能给她所想要的那种生活，媛媛烦恼不已，婚姻成了她的一个大包袱，她的失眠情况也越来越严重。

转眼又过去了一年，29岁的“高龄”让媛媛有点儿不知所措。身边的亲戚朋友也会时不时询问，每每提及这个话题，媛媛都感到痛苦不已。为此，她每天除了上下班外，几乎很少外出，很少和朋友们聚会，连她最亲最爱的姥姥，她也很少去探望了。

但是，这并没有减轻媛媛的痛苦，她经常整夜睡不着，她反复思考自己为什么不能和别人一样组建家庭。而在家里，妈妈总是在不停地唠叨，还时不时地逼着她跟这个王大妈的儿子相亲，跟那个张阿姨的侄子见面。似乎她是卖不出去的商品一样，再不出售就要过了保质期。为此，她跟妈妈发生了很多次争吵。

媛媛无助地问自己：“这到底是怎么了，难道长大有错吗？”现在的她痛苦不已，满脑子都是恋爱、婚姻。下了班不敢回家，不敢见亲戚朋友，恨不得找个地洞钻进去。有时候，她想：要是死了多好，一了百了。

故事中的媛媛从刚开始的失眠到后来出现轻生的想法，原因是大龄的她没找到适合的对象，倍感压力，同时，亲戚朋友的关怀，再加上来自父母的催促，让她最终背负不住婚姻给予的压力。

事实上，现代社会，人人都感到了前所未有的压力，而我们只有学会调节自我，卸下压力，才能轻松生活，那么，究竟该怎样做呢？

1.要对自己有个清晰的认识

生活中，很多人对自己的认识不清晰，总觉得自己了不起，因而对自己提出了很高的要求，结果自己的能力有限，往往达不到预想的效果，使自己倍感压力。他们因此对自己很失望，也不快乐。所以，不管做什么事情，都要对自己有个清晰的认识，不要对自己有过高的期望，这样你就不会为了让自己满意而背负过重的压力了。否则你只能是在哀怨中对自己失去信心。

2.抱负和理想务必切合实际

小时候我们谈到自己的理想时，往往说得越离谱，越能表现你是个有前途的人。可是长大后，你才发现，很多事情并不是自己想的那样。因此，给自己定目标的时候，一定要切合实际，千万不要天马行空，好高骛远，否则你背负了过于沉重的压力，又怎会开心得起来呢？要知道你已经不是只能幻想的小孩子，而是要通过自己的行动来实现自身价值的成年人了。

3.适当学会调整自己的心态

当你遭遇了失败和挫折之后，一定要调整自己的心态，千万不要在欲望的驱使下，不择手段地去走你不可能走的路。这样，不但你不会快乐、开心，甚至还会把自己逼疯。要适当地调整自己的心态，对失败和挫折要有清晰的认识，失败和挫折同时会激发你的斗志，千万不要因此而否定自己。你越消沉，越会对自己失望，你的压力也会越大。

4.要适当向生活和自己妥协

尽管我们在祝愿别人的时候常常说“心想事成”，可是生活毕竟是生活，是不可能让你心想事成的。所以，如果你心里想的事情根本就没有办法实现，那么不妨适当向生活妥协，向自己妥协。这样，你就会少很多压力，多几分轻松和快乐。否则，和生活较劲，最终输的还是你自己。

可见，生活本身是美好的，只是我们给予自己太多的压力，仔细想一想，完全没有这个必要。让自己活得轻松一些不好吗？因而，如果你感到压力太大，不妨了解一下压力的根源，学会卸下负担。

## 学会放手，方得自在

我们生活的周围有这样一类人，他们勤恳、努力、认真，对亲人无微不至，工作中事必躬亲，他们总是希望周围的一切都在他们的掌控之中，然而，正因如此，他们比其他人活得更累，他们感到无法摆脱的压力。而实际上，这些压力是他们自己给自己的，如果他们能学着放手，自然会轻松很多。

很多企业领导者每天不得不面对繁忙的工作，还有来自公司、同事及下属的压力。各方面的压力使他们穷于应付，却抽不出时间做真正该做的事：解决根源性问题、统筹布局、培养下属。压力还使他们心力交瘁，持续处在焦虑状态之中，在工作中难以发挥最大成效。诚如一位管理者所言："做一个主管，要注意目标，就像游泳一样，要一边游，一边看前方，不要一头撞到池壁才知道到了。不要花太多时间在小问题上，要多花时间在目标上。"

的确，那些在工作中做到游刃有余的人，通常都是懂得放权的，他们相信下属能做好，于是，他们能为自己腾出更多的时间愉悦身心，放松自我。因此，如果你是个领导者，那么，你应当抛弃将员工当作工具、封建家长式的作风，取而代之的应是尊重员工的个人价值，合理地设计和实行新的员工管理体制，最重要的是要做到给予下属权利，把员工看成企业的重要资本、竞争优势的根本，并将这种观念落实在企业的制度、领导方式等具体管理工作中。

另外，给予下属权利也是为领导者自身分担工作的重要方法，在领导工作中，面对看似无法完成的工作任务，最有效的解决办法就是知人善任。这样领导可以腾出一些时间和精力抓大事，员工也可以小试牛刀。

同样，生活也是如此，我们不可能掌控生活的方方面面，即使是我们的亲人，他们也希望有自己的生活空间，放开手，你的身心也会得到放松。

老王是某单位的员工，他有一位品貌俱佳的妻子，她在单位里是中层干部、先进工作者，在家里她是贤妻良母，她对丈夫照顾得无微不至。她从不让丈夫洗衣做饭，丈夫加班，她去送饭。丈夫穿的用的，全是她买，丈夫的皮鞋、领带都是她擦、她系，丈夫修阁楼，她总是左右侍候，端茶倒水。每每论起“内助”如何，老王的朋友总是羡慕老王的“福分”，羡慕他们亲密无间，朝夕相伴。

但老王总觉得自己的婚姻生活少了点什么，半年后，老王向他的贤妻提出了离婚，据说单位和亲朋好友调解多次，妻子也不解地问他“哪点对不住你”，但他铁了心，坚持离她而去。很多同事曾直截了当地问他是否另有新欢，是不是喜新厌旧，他只是说："过腻了，这样活着，吊不起胃口。"

生活中，可能很多妻子都和故事中老王的妻子一样勤勤恳恳地为家庭操劳，对丈夫无微不至地照顾，他们对老王夫妻俩的婚姻结局也会产生疑问：到底哪里出了问题？从老王的话中，我们大致能了解到男人们内心的想法，他们需要的是一位妻子，而不是一位母亲。朝夕相伴，无私奉献，爱情之火也不一定就能持久地燃烧。

总之，无论是生活还是工作中，懂得放手，不仅是对对方的一种尊重和信任，更是现代社会人们释放压力、调节身心的重要方法，否则，你抓得越牢，你就越累！

## 与其累死累活，不如享受人生

生活中，我们都会羡慕那些成功者，也会探索他们的成功模式，毋庸置疑，他们的成功与勤奋、努力、惜时是分不开的。事实上，他们大部分人也承受了巨大的压力，因而，他们除了会工作，更会休息和生活。

其实，不只是这些成功人士，现代社会，处于重压下的人们每天都在拼命地工作，虽然双休日时能够在家睡个懒觉，但恐怕心也不会那么淡然。用持之以恒的精神拼搏、奋斗是我们必须具备的一种品质，但并不意味着要一刻不停地奔波与忙碌。适可而止，会休息才会成长。只会向前猛冲，而不懂得减速缓行的人，在人生的某个弯道处，一定会冲出跑道，损失更多。

因此，生活中的人们，无论是在学习还是工作中，都一定要懂得休息，懂得享受生活，只有劳逸结合，才有更高的工作效率。

生命如此般的脆弱，人生苦短，我们当然需要努力地工作，但我们不能忘记，除了工作外，还有很多值得我们追求的东西，如健康、幸福等，因此我们应及早幡然醒悟，才能收获一份最本真的快乐。

有过登山经历的人也许会有一样的体会，那就是：山很高，需要分好多次攀登才能登顶，最关键的其实就是在中途要学会休息，如果不会停下来休息，那么就必然会在最接近终点的时候落下。工作中，我们适时调整自己也是必需的，一个真正会工作的人不会打疲劳战，而是懂得充足的休息后才有更充沛的精神。

那么，在工作与学习中，我们该怎样做到劳逸结合、调整自己呢？

1. 统筹兼顾、合理安排

你应该合理分配工作、休息的时间，做到劳逸结合，把握好生活节奏。

2. 多做体育运动

不知你有没有这样的体验：当情绪低落时，参加一项自己喜欢又擅长的体育运动，可以很快地将不良情绪抛之脑后。这是因为体育运动可以缓解心理焦虑和紧张，分散对不愉快事件的注意力，将人从不良情绪中解放出来。另外，疲劳和疾病往往是导致人们情绪不良的重要原因，适量的体育运动可以消除疲劳，减少或避免各种疾病。

3. 留出一些时间以处理突发状况

很多人认为，忙碌的一天才是充实的一天，以至于他们经常把一天的日程安排得满满的，但一遇到突发事件，就手忙脚乱了。其实，你应该学会合理规划时间，留出一些时间处理突发情况，而即使没有出现这些突发事件，你也能给自己一个放松和休息的机会，或与父母、朋友联络一下感情，或考虑一天工作中的得失等。

总之，对于日常工作和学习，我们只要合理安排时间，懂得调节自己，做到劳逸结合，就可以不慌不乱，甚至有充裕的时间去享受生活。

## 睡个好觉，重启身心

我们都知道，快乐的心情可以成为事业和生活的动力，而恶劣的情绪则会影响身心健康。然而，现代社会，人们为了生活四处奔波，工作和生活的压力常常压得我们喘不过气来。人们急切地希望寻找到一种能帮助自己减压的方法。于是，市场上各种付费放松方法就应运而生了，诸如维生素药剂，各种放松疗法等，我们不能否定这些疗法的功效，但最好的养生方式就是睡觉。

那么，人为什么要睡觉？几乎每个人在忙碌了一天之后，都想香香地睡上一觉。人要睡觉是一种生理反应，是大脑神经活动的一部分，是大脑皮层内神经细胞持续兴奋之后产生了抑制的结果。当抑制作用在大脑皮层内占优势的时候，人就会睡觉。人们在生活中，有工作，有休息，在神经活动中，有兴奋，有抑制。抑制是为了保护神经细胞，以便让它重新兴奋，让人们继续工作。

可以说，良好的睡眠将使大脑受益。德国吕贝克大学的詹·伯恩（Jan Born）和他的同事们曾经做过一项研究，研究表明了为什么睡眠往往会给人们带来比较好的结果。被研究的对象有106名，研究者让这些人做一项简单但十分枯燥任务——将一连串数字转换为另外一串，而在转换当中有个隐藏的计算诀窍，能让他们大大缩短反应时间。研究者发现，夜间睡眠质量良好的参与者发现这种诀窍的概率为59%，而睡眠质量不良者发现诀窍的概率只有23%。可见，睡眠是非常重要的。

好好睡觉就是治病，可以修复身体机能，保护心脏。然而，睡个好觉，已经成了很多人的“奢侈品”。据统计，目前我国睡眠障碍患者有3亿多人，睡眠不良者竟高达5亿人！美国国家睡眠基金会的一项调查则指出，现代人的睡眠比生活在19世纪初的祖父母们要少2小时12分钟。

高品质的睡眠是抵抗疾病的第一道“防线”。据德国《经济周刊》的报道，缺乏睡眠会扰乱人体的激素分泌。若长期睡眠不足4小时，人的抵抗力会下降，还会加速衰老、增加体重。而哪怕只是20分钟的小睡，也能让你像加满油的汽车一样动力十足。法国卫生经济管理研究中心的维尔日妮·戈代凯雷所做的一项调查表明，缺觉者平均每年在家休病假5.8天，而睡眠充足者仅有2.4天。前者给企业造成的损失约为后者的3倍。

接下来，我们总结一下睡眠的好处。

1. 睡眠有利心脏健康

研究人员对居住在希腊的23681人进行了调查，结果显示，一周内至少有三次30分钟午睡的人患心脏病的风险降低了37%。

此外，难治性高血压、糖尿病等，也都与睡眠密切相关。

2. 睡得好，能让你更聪明

在睡眠状态下，脑细胞能量得到贮存，大脑耗氧量减少。醒后人的思路开阔，思维敏捷，记忆力增强。德国睡眠科学家在英国《自然》杂志上撰文指出，好的睡眠质量还能增强创作灵感。

3. 睡眠可以减压

研究表明，睡眠可以降低体内压力激素的分泌。每当感到压力大的时候，即使打个小盹，也能让你迅速释放压力，提高工作效率。

4. 睡眠是最便捷、省钱的美容方式

人睡着时，皮肤血管完全开放，血液充分到达皮肤，进行自身修复和细胞更新，能起到延缓皮肤衰老的作用。睡眠不足还会导致肥胖，药物减肥远不如睡个好觉更有效。

5. 适当“多睡”是一味治病良药

在医院里，总能听到医生嘱咐病人要好好休息。俗话说“七分调养三分治”，睡眠是这七分调养中最重要的内容。这是因为，当机体受到感染时，会产生与睡眠有关的化合物——胞壁酸，它除了诱发睡眠外，还可增强抵抗力，促进免疫蛋白的产生，因此睡眠好的患者病情痊愈得也快。举例来说，高血压患者每天要保证7~8小时的睡眠，老年人可适当减少至6~7小时；对心脑血管疾病患者来说，中午小睡30~60分钟，可以减少脑出血发生的概率。

6. 睡眠还能延长寿命

正常人在睡眠时分泌的生长激素是白天的5~7倍。美国一项针对100万人、长达6年的追踪调查表明，每天睡眠不足4小时的人死亡率高出正常人180%，而充足的睡眠有利于延长人的寿命。

总之，睡眠可以消除身体疲劳。在身体状态不佳时，什么都不想，美美地睡上一觉，体力和精力很快会得到恢复。

## 无法改变事情，就改变心情

人生中有许许多多我们始料不及的事情，正是“欲渡黄河冰塞川，将登太行雪满山”。但是如果不能承受压力，跌倒后爬不起来了，就绝不会涌出“长风破浪会有时，直挂云帆济沧海”的凌云壮志，万千豪气！而若要成功克服困难，除了要有坚强的毅力外，我们还要学会调适自己的心态，绝不可把压力当阻力。有时我们并不能看见事情的整体，因此表面上看起来是对我们好的事，可能并不是。反而，我们认为的逆境，事实上对我们却有帮助。

敞开自己去了解压力，你就能发现，压力并不是你必须消灭的敌人，而是你最真诚的朋友。因为，它给你带来的是最可遇而不可求的生命领悟，当你把这些带来礼物的朋友当成敌人时，你就收不到它馈赠的珍贵礼物。

如果我们能学会调适自己的心态，就能看到压力的正面力量，那我们就会以坦荡的心境，豁达的胸怀来应对生活中的每一份酸甜苦辣，让原本平淡乏味的生活焕发出迷人的色彩，那么，你会发现，磨难与逆境也不过是飘来的“浮云”。

罗曼·罗兰曾说：“只有把抱怨别人和环境的心情化为上进的力量，才是成功的保证。”经受别人的考验、提升自身的力量，你才会在人头攒动的人海中脱颖而出。

礁石，想要展现浑然天成的光滑弧度，就必须接受海水无数次的冲撞；河蚌，想要孕育出晶莹的珍珠，就必须接受沙砾残忍的侵蚀；雄鹰，想要搏击长空，就必须忍受一次次试飞的跌落；人也是一样，庸人把磨难当作“命运多舛”，而智者却把磨难当成一种财富。

压力对于我们来说是一笔宝贵的财富。生活原本就是平淡的，如果再没有一些磨砺，那么，我们的生活还有何滋味可言呢？当然，除了要调适自己的心态外，我们还需要找出一种能帮助自己清理情绪垃圾的方法。

那么，在压力面前，我们该怎样调适呢？下面是几条建议。

1. 自我暗示

采取这种方法，可以抑制不良情绪的产生。比如，你可以告诉自己，我是最棒的，沉住气，别紧张，胜利一定是属于自己的。这样就能增强自信心，紧张情绪就会得到缓解，就能遏制冲动，避免不良情绪造成不良后果。

2. 自我激励

这是用理智控制不良情绪的又一良好方法。恰当运用自我激励，可以给人精神动力。当一个人在困难面前或身处逆境时，自我激励能使你从困难和逆境造成的不良情绪中振作起来。

3. 心理换位

这也是消除不良情绪的有效方法。所谓心理换位，就是与他人互换位置和角色，即俗话所说的将心比心，站在对方的角度思考、分析问题。通过心理换位，来体会别人的情绪和思想，这样就有利于消除和防止不良情绪。

总之，一个人如何面对压力和困难，体现了他的情商高低，在压力面前，我们只有学会调适，才能及时卸下包袱，继续上路！

# 第 9 章

# 释放心灵的不安，让忧伤烟消云散

人生苦短，有喜就有悲，正如天气有晴有阴一样，阳光不会一直照耀着我们。正如旅途一样，生命之旅也不会一帆风顺，总会有羁绊出现。莎士比亚说过：“聪明的人永远不会坐在那里为自己的损失而哀叹。他们会用情感去寻找办法来弥补自己的损失。”的确，那些羁绊、那些不如意，难免会使我们悲伤，但我们只有勇敢一点，学会自我疏解，放下那些痛苦的想法，才会让内心充满快乐，才能继续前行。

## 把心中的痛苦发泄出来

生活中，我们发现，一个人在心情不好的时候，周围的人都会劝道：“没事，笑一笑。”很少有人劝其“哭一哭”。而实际上，真正能释放人内心的压抑情绪的方法是哭泣，而不是微笑。

心理学家曾经做过这样一个实验：有这样一群人，心理学家将他们分成两组，一组是血压正常者，另一组是高血压患者。心理学家分别问他们是否哭泣过，结果表明，血压正常的这些人中，有87%的人偶尔哭泣，而那些高血压患者却说自己从不流泪。我们发现，让人把情感抒发出来要比深深埋在心里有益得多。

事实上，哭是人类宣泄不良情绪的一种本能行为。有研究表明，女性之所以比男性长寿，除了女性身材矮小代谢消耗低和生活工作环境相对安全外，主要原因是女性喜欢倾诉与哭泣。还有研究表明，哭得多的人比哭得少的人要健康。因此，当我们心中积压了不愉快的情绪时，不要强忍着故作“坚强”，该哭时不妨尽情地哭出来。

心理学家克皮尔曾经对137个人进行调查，并将这些人分成健康和患病两个组。患病组内的这些人患的都是与精神因素有密切关系的病——溃疡病和结肠炎。调查发现，健康组哭的次数比患病组多，而且他们报告说哭后自我感觉较哭之前好了许多。

接下来，克皮尔继续研究，他发现，人们在情绪压抑时，体内会产生一种活性物质，这种物质是对人体有害的，而哭泣会让这些活性物质随着泪水排出体外，进而有效地降低了体内有害物质的浓度，缓解了紧张情绪。有研究表明，人在哭泣时，其情绪强度一般会降低40%。这解释了为什么哭后感觉比哭前要好了许多。

美国生物化学家费雷认为，人在悲伤时不哭有害健康，这种伤害是慢性的。他调查发现，长期不哭的人，患病率比哭的人高一倍。

因此，我们可以得出一个答案：哭是有益健康的。由情绪、情感变化而引起的哭泣是机体的正常反应，我们不必克制，尤其是心情抑郁时，也不可故作坚强、强忍泪水，那样只会加重自己心理的负担，甚至会憋出病来。这些负面情绪会让你的神经高度紧张，当这种紧张被长期压抑而得不到释放时，便会集聚起来，最终导致神经系统紊乱，久而久之，会损害身心健康，促成某些疾病的发生与恶化。而哭泣则是一种释放能量、缓解心理紧张、解除情绪压力的发泄途径，能有效地避免或减少此类疾病的发生和发展。

我们应该看到哭泣的正面作用，它是一种常见的情绪反应，对人的身心都能起到有效的保护作用，因此，当你遇到某种突如其来的打击而不知所措时，不妨先大哭一场，不要害怕别人的眼光，哭没什么见不得人的。

## 内心安定，便不会感觉焦虑忧伤

红尘滚滚，荆棘丛生，人生的道路曲折而漫长。苦难是生命的常态，烦恼与痛苦相伴，应运而来的是种种困惑。如何面对人生的困惑？毛主席赠柳亚子诗曰：“牢骚太盛防肠断，风物长宜放眼量。”意思是说对待困惑，眼睛要看得远，心要想得开，做到不疑不愁不怒，豁达乐观。这样才能让烦恼烟消云散，让我们快乐地去迎接每一天的生活。

一个乐观开朗的人，无论面对什么样的生活，都有能力重新开始，即使在地狱中，也能重新走入天堂。对于一个人来说，这是比什么都重要的财富。

有一位作家，在被人问到该如何抵抗诱惑时回答说：“首先，要有乐观的态度；其次，要有乐观的态度；最后，还是要有乐观的态度。”

一次，孔子带着学生去郊外散步，看见一位老者在田里捡麦穗，还哼着小曲，子贡问道；“老伯，你这么大年纪，还在田中捡麦穗，真可怜啊，怎么还唱歌呢？”老人笑着说；“我的快乐在你们心里是忧虑，我虽然贫穷，但我心安理得，所以我没有烦忧，心里有的只是欢乐的歌。”人遇困惑，如能想得开，拿得起，放得下，最为可取。北宋大文学家苏轼后来被贬到海南时，赋诗曰：“参横斗转欲三更，苦雨终风也解晴，云散月明谁点缀？天容海色本澄清。空余鲁叟乘桴意，粗识轩辕奏乐声。九死南荒吾不恨，兹游奇绝冠平生。”这是何等的洒脱大气，磊落胸怀，又是何等的豁达乐观！

因此，生活中的人们，无论命运把你抛向何种险恶的境地，都不要被忧伤的眼泪迷住了双眼，你应该毫无畏惧，用你的笑容去对付它！而如果你能正确地看待挫折，那么，或许你就能找到一个新的起点，新的角度，能发现是什么使得你裹足不前！

## 洗涤心灵，让你的世界重回安宁

生活中，我们都希望自己有个好心情，好心情是生活的调味剂，带给你无穷的快乐。其实，快乐来自一颗安宁的心，内心安宁才能自在快乐，然而，我们似乎总是听到这样的声音：“我烦死了”“气死我了”“这个人真讨厌”等。也可以看到一些人虽一言不发，但神情忧郁，精神恍惚。事实上，这都是心不静的表现。其实我们每一个人或多或少都遇到过一些挫折。对此，一般人都能自觉地调整心态，较好地适应社会。但也有少数人由于持有一些不合理的信念，在遇到重大挫折时往往会一蹶不振，严重的甚至不能正常工作学习，给自己和亲戚朋友带来很多麻烦。

“其实人活的就是一种心态。心态调整好了，蹬着三轮车也可以哼小调；心态调整不好，开着宝马一样发牢骚。”这段话生动形象地说明了人的心态的重要性。心态就是人们对待事物的一种态度。一个心态健康的人才能真正活得健康、自在。因此，尘世中的人们都应该学会治愈自己的心，这是让自己的心饱满莹润的秘密。

米契尔是个传奇式人物，在他46岁那年，他因为一次机车事故被烧得不成人形，四年后又遭遇了一次坠机事件。

当他醒来后，他发现自己正躺在医院里，全身被烧得体无完肤，而在他的周围，也是一群和他情况差不多的人，他们对自己的遭遇自怨自艾：“为什么我要遭受这种痛苦，上天为什么要这样对我，还不如死了算了。”然而，米契尔却不这样感叹命运，他问自己：“我还拥有些什么呢？我怎样才能重新站起来？此刻的我还能做些什么事？”

更有趣的是，在住院期间，他结识了一位名叫安妮的漂亮迷人的女护士，他不顾脸上的伤残和行动不便，竟然异想天开：“我怎样才能和安妮约会呢？”他的同伴都认为他实在有些神志不清，他必然会碰一鼻子灰回来。谁会想到一年半后两人竟然打得火热，后来安妮成了他的太太。

米契尔屹立不倒的正面态度使他得以在《今天看我秀》及《早安美国》节目中露脸，同时《前进杂志》《时代》周刊、《纽约时报》及其他出版物上也都有米契尔的人物特写。

米契尔为什么能创造奇迹？因为他的心态一直都是正面的、积极的、乐观的，因此，即使在灾难面前，他依然拥有好心情，他看到的只有希望，于是，他最终战胜了困难。米契尔说“我完全可以掌控我自己的人生之船，那是我的浮沉，我可以选择把目前的状况看作一个新的起点。”

其实，人生路上，我们的心也可能和身体一样会得某种疾病，只有及时治愈，才能获得正能量，才能继续前进。

当然，要治愈自己的心，有很多方法。

1. 积极暗示

面对同样难度的事，有的人对自己充满信心，相信自己

“很快就能做到”，有的人则缺乏信心，怀疑自己“根本做不到”。两种不同的心态，会导致结果大相径庭。前者属于积极的暗示，使人即使遭遇失败，也不当一回事，只把做得好的印象深深印在脑子里，结果下一次可能很快就成功了。而后者则属于消极的暗示，往往使人把失败的印象留在脑海中，这样下一次做起事来就费力费神多了。

2. 运动法

当你心烦意乱、心情压抑时，适度运动可带来好心情。虽然运动对于人排解不良情绪有益，但应该把握适当的度，否则会对身体造成损害。并且，你要选择自己喜欢的运动，这样才能有恒心并持久地练下去。

3. 心归大自然

大自然是人类心灵的净化师，当你置身其中时，你会有一种“采菊东篱下，悠然见南山”的自在感和“无事一身轻”的洒脱感。所以，有条件的话，一定要到真正的大自然当中。如不具备条件，也可考虑到城市公园等人造的自然风光中去，当然效果会打些折扣。在走入大自然之前，可能还得考虑时间、金钱等问题，但多数情况下，这一切都是值得的。

4. 呐喊法

据说日本有个很具规模的呐喊节。每年到了这个时节，全国各地的参赛者或观众云集于大山深处，有组织地按规则和程序呐喊。举办呐喊节，旨在引导人们认识和体验呐喊的心理调适作用，鼓励大家在需要时去身体力行。正是人们通过呐喊而受益，呐喊节才被越来越多的人所认可并积极参与。

总之，只有具备良好的心态，你才能每天保持饱满的心情。心态好，运气就好。要学会调整心态，有良好的心态工作就会有方向，人只要不失去方向就不会迷失自己。

## 扫除内心阴霾，你会更加坚强

有人说，人可以简单分为两种类型：神采奕奕型和沮丧忧烦型。神采奕奕的人生活得幸福而自信，脸上总是挂满笑容，让周围的人感到他的温暖，时常给人鼓励和信心，让人充满激情和斗志；而沮丧忧烦型的人常常自怨自艾，眉宇间总是有些忧愁，心间总是挂满自卑和失落，让接触他的人莫名地滑入消极和伤感的深渊……这两种人其实也就是乐观者和悲观者。很明显，乐观者让人快乐而自信，消极者让人低沉而忧伤。试问你更愿意做哪一种人？当然是前者。

人有悲欢离合，月有阴晴圆缺。人生无常，没有谁能保证前方的路总是平平坦坦，遇到些挫折和磨难在所难免。在挫折中学会坚强，才能更好地感知生活，拥抱生活，创造生活，享受生活。

雨后，一只蜘蛛艰难地向墙上已经支离破碎的网爬去，由于墙壁潮湿，它爬到一定的高度，就会掉下来，它一次次地向上爬，一次次地又掉下来……第一个人看到了，他叹了一口气，自言自语："我的一生不正如这只蜘蛛吗？忙忙碌碌而无所得。"于是，他日渐消沉。第二个人看到了，他说："这只蜘蛛真愚蠢，为什么不从旁边干燥的地方绕一下爬上去？我以后可不能像它那样愚蠢。"于是，他变得聪明起来。第三个人看到了，他立刻被蜘蛛屡败屡战的精神感动了。于是，他变得坚强起来。

可见，对待同一样事物，每个人的看法不同是很正常的事。就像人也有两面性一样，问题在于我们自己怎样去审视，怎样去选择。面对太阳，你眼前是一片光明；背对太阳，你看到的是自己的阴影。

的确，一个人心态是积极的还是消极的，就决定了其生活是光明的还是灰暗的。可见，当人生的不幸来临时，积极的心态是一个人战胜一切艰难困苦，走向成功的推进器。积极的心态，能够激发我们自身的所有聪明才智；而消极的心态，就像蛛网缠住昆虫的翅膀、脚足一样，束缚住了人们才华的光辉。

坚强是一种勇气和品质，更是一种理智和智慧，它告诉我们如何去享受生活，如何去调节自己的心情，找到让自己更快乐的秘籍。面对挫折和磨难，我们不应该过分地沉迷于痛苦和悲伤之中，更不应该迷茫或迷失方向。现实生活中，经历些风雨，遇到些磨难，遭遇些挫折，都是很平常的事。若因一时受挫而放大痛苦，灰心丧气，自卑绝望，自弃沉沦，那将会错失良机、终身遗憾。

其实，扫除内心的阴霾，保持良好心情的“砝码”就在你的手中。

1.转移情绪

当你遇到一些会使你心神不定的事情时，你应迅速把注意力转移到别的方面去。这样很快就会把原来的不良情绪冲淡以至赶走，而重新恢复心情的平静和稳定。

2.宽以待人

人与人之间总免不了有这样或那样的矛盾事，朋友之间也难免有争吵、有纠葛。只要不是大的原则问题，应该与人为善，宽大为怀。绝不能有理不让人，无理争三分，更不要为一些鸡毛蒜皮的小事争得脸红脖子粗，伤了和气。

3.忆乐忘忧

生活中，有乐事也有忧事，对此应进行精心的筛选，不能让那些悲哀、凄凉、恐惧、忧虑、彷徨的心境困扰着我们，要经常忆乐忘忧，切不可让阴影笼罩心头，而失去前进的动力。

能做到以上3点，我们也就能保持稳定、健康、快乐的心情了。

总之，在苦难、挫折、失败面前，我们不必怨天尤人、自怨自艾，而应该坚强一点，在坚强中锤炼自己的情操和心灵，淬炼自己的毅力和品质。你不妨把挫折当成一缕清风，让它从你耳边轻轻地吹过；把痛苦当成你眼中的一粒尘土，眨一眨眼，流一滴泪，就足以将它淹没掉；至于苦难，那也不过是人生的一个小插曲而已！

## 别再理会已被时间冲淡的痛苦

人生如变幻莫测的天空，刚才还晴空万里，转眼间就会阴云密布、倾盆大雨。但这些都是上一秒发生的事，人要向前看，就不必多想，因为不管过去多么悲伤失意，过去的总归是过去了，只有向前看，才会有希望。

曾经有一对孪生兄弟，哥哥叫伊恩，弟弟叫杰森，兄弟二人帅气十足，但命运是不公的，他们遭遇了一场火灾事故，所幸消防员从废墟里扒出了他们兄弟俩，那场火灾中仅幸存下来了他们两个人。

醒来后，兄弟俩早已面目全非。弟弟杰森无法接受眼前的现实，无法活下去的念头从他的思想走进了他的潜意识，他总是自暴自弃地重复着一句话："与其这样还不如死了算了。"于是，最终杰森偷偷服了50片安眠药，离开了人世。

伊恩十分痛苦，但他仍然一次次地暗示自己："我生命的价值比谁都高贵。"后来，他当了一名货车司机。

一天，伊恩仍像往常一样送一车棉絮去加利福尼亚州。天空下着雨，路很滑，他把车开得很慢。此时，他发现不远处的一座桥上站着一个人。伊恩紧急刹车，汽车滑进了路边的一条小水沟里。他还没有靠近那个年轻人的时候，年轻人已经跳进了河里。年轻人被他救起后还连续跳了三次，最后一次伊恩自己也差点被大水吞没。

后来伊恩才知道，他救的是位亿万富翁。后来，亿万富翁重新振作，和伊恩一起干起了事业。伊恩从一个积蓄不足10万元的司机，凭着自己的诚信经营，发展成了一个拥有3.2亿元资产的运输公司的董事长。几年后医术发达了，伊恩用挣来的钱修复好了自己的面容。

一对孪生兄弟，为什么命运如此不同？因为他们的心态不同，面对毁容，弟弟杰森无法接受，选择自杀结束了自己的生命，而伊恩却始终告诫自己，自己的生命价值比谁都高贵，他努力活了下来，后来，他用同样的信念救了另外一个轻生的人，从而改变了自己的命运。

人活于世，谁都有不愿提起和想起的伤心往事，这被人们称为“旧伤”。它不像计算机程序一样可以被人删除、剪切，它只能靠我们自己来修复。那么，我们该怎样从心理的角度“修复”那些旧伤呢？

1. 不要强迫自己去忘记某件事情，把一切交给时间

忘记任何一件痛苦的事，都需要一个过程。因此，有时偶尔会想起它，其实也无妨。当你想起它时，你可以对自己说：那都是过去，看我现在多快乐啊！相比过去而言，现在的我是多么的幸福啊……人要往前看，往好处想，这样，随着时间的流逝，那些过去也就真的成了“往事”。

2. 转移注意力，不给“旧伤”复发的空隙

你可以从现在起把你的时间排满，做一点别的事情来转移自己的注意力。打开你的生活圈子，关心你的朋友、你的亲人。这样会令你觉得快乐，痛苦的回忆也就无处藏身了。

3. 找到适当的发泄方式

你可以试着找真诚的朋友听你诉说心里的苦闷，多听听他人的意见，多从积极乐观的角度去想事情，微笑着看待生命中

的每件事。同时，你也可以找到其他适合自己的放松和发泄方式，比如逛街、欣赏音乐、跳舞、跑步、看书等。

可见，乐观豁达的态度，无论对于你们自己，还是生活在我们周围的人，都能带来积极的情绪、带来成功。思维心理学专家史力民博士指出：“乐观是成功的一大要诀。”他说，失败者通常有一个悲观的“解释事物的方式”，即遇到挫折时，总会在心里对自己说：“生命就这么无奈，努力也是徒然。”由于常常运用这种悲观的方式解释事物，他们无意中就丧失了斗志，不思进取了。

总之，我们需要知道，笑对人生，生活不会亏待每一个热爱它的人。生命是一次航行，自然会遇到暴风骤雨，那么，我们该如何驾驶生命的小舟，让它迎风破浪，驶向成功的彼岸呢？这需要勇气，需要以一种平常心去面对！

## 看到事情好的一面

生活本就艰辛，活着本来就不是一件容易的事情。因而遭遇坎坷和失败在所难免。当然，如果心态好，能正确地体会生活、感悟生活，那么你感受到的自然多是快乐，你的生活会充满阳光，处处都有开心的微笑。否则，你感受到的便是酸楚，因为

## 生活本就是苦痛大于甘甜。

阿梅和男友爱辉在认识整整八年的纪念日这天，去登记结婚了。

可是，第二天，她和好朋友华宇在商场买东西的时候，却意外看到爱辉被另外一个女孩挽着胳膊在逛商场。阿梅走上前去，狠狠地抽了爱辉一记耳光，然后哭着跑回了家。

之后，阿梅好像什么事情也没有发生过，依旧按时上下班。这天晚上，华宇来找阿梅，看到她神采奕奕的样子，非常不解。于是悄悄地把她拉到房间里说：“你没事吧？你刚刚结婚的丈夫跟别的女人在鬼混，被你当场撞到，你竟然像什么事情也没有发生过？是悲伤过度还是怎么了？太不正常了吧？”

阿梅微笑着说：“你觉得我应该有什么样的表现，哭着闹着抹脖子上吊？”

看着阿梅一脸的无辜，华宇疑惑地说：“至少也是件非常让人难受的事情，你为他付出了八年的青春，就这么过了一个晚上就忘得干干净净了，就什么也没有了？”

阿梅拍了拍华宇的肩膀说：“是啊，当天晚上回来之后，我也不相信这是真的。但是回头转念一想，我就感觉非常庆幸。好在现在还没有孩子，你说要是等我们有了孩子以后，再发现，那岂不是更糟糕吗？你说是不是？所以我应该感到开心。”

听了阿梅的话，华宇若有所思地点了点头，自言自语道："还真是这么回事，想想你还真是幸运的。"

阿梅笑着说："所以嘛，我为什么要悲痛欲绝，为什么要伤心难过呢？没有理由啊！"

华宇接着说："那你为他付出的就白白付出了，那可是女人最宝贵的八年时间啊。"

阿梅叹了一口气说："那还能怎么办呢，付出的也已经付出了，伤心难过能再回到从前吗？不能吧。既然无法挽回，那么再浪费情绪就很没意思了。"

故事中的阿梅在看到刚刚登记的丈夫和别的女人在一起时，她并没有因此而陷入伤心难过的情绪中，而是觉得庆幸。因为她觉得事情还没有到更糟糕的地步，相比之下自己还是幸运的。可见，在遭遇生活的酸甜苦辣时，心态好的人往往看到的是好的一面，因而感觉到满足，感觉到快乐。那么，我们如何让自己保持好心态，享受生活的快乐呢？

1.将生活的不幸当作赏赐

很多人在遇到生活的不幸和打击之后，往往感觉到非常痛苦。这是因为人们内心的欲念没有得到满足，心理产生了落差。这时候，如果你换个角度来想，为什么别人都得不到苦难的历练，只有你得到了呢？那是因为他们没有这个机会，而你却得到了。遭遇生活的不幸，会让你变得更加成熟和睿智。当你这么想的时候，你感受到的就不再是痛苦，而会是快乐。

2.想想更坏的情况

对于一个聪明人来说，在遭遇了生活的不幸时，不要觉得自己吃了多大的亏，损失了多少。你要想想更坏的情况，如果事情真的变得更坏，你会吃更大的亏，损失更多。这样，相比之下，你就会觉得自己非常的幸运。就如同故事中的阿梅在登记后发现了丈夫的秘密，她没有悲伤，反而很开心，因为相比于有了孩子之后再发现，她觉得自己是幸运的。

3.还活着就是幸福

往往很多时候，我们觉得老天不公，命运坎坷，觉得自己遭受了这么多的苦痛和伤害之后，天都要塌下来了，觉得生活没有了指望。但是只要你想一想，你还活着不就是老天对你最大的眷顾吗？活着可以从头再来，如果你死了，不就什么都结束了吗？所以，当你明白这个道理的时候，你就不会再感到绝望了，也不会再抱怨了。

4.明白生活因为苦痛才丰富

很多人觉得自己的日子真是太苦了，觉得命运开的玩笑确实太大了。但是，你想一想，如果生活中什么事情都一帆风顺，那么生活是不是也就变得乏味了呢？人没有了希望，不会去努力和奋斗。那样，活着跟死了有什么区别呢？当你想明白这一点的时候，你就不会因为遭遇生活的疼痛而感到伤心和难过了。

总之，好的心态是治愈一切的良药，美好的生活离不开良好的心态。曾有人言：“世界如一面镜子：皱眉视之，它也皱眉看你；笑着对它，它也笑着看你。”还有人言：“一切的和谐与平衡，健康与健美，成功与幸福，都是由乐观与希望的向上心理产生与造成的。”可见，我们能否看到生活的美好与希望，完全取决于我们自己的心。因此，我们要以一个积极乐观向上的心态去笑对生活，这样才能在充满真善美的生活中感受到轻松自在、幸福快乐。

# 第 10 章

## 静心明思，让躁动的心沉静下来

在现代社会，生活节奏越来越快，形形色色的事情层出不穷，导致人们心绪飘浮不定，心烦意乱，很多人常常会胡思乱想，进而产生很多消极的想法，而这些想法又导致人们精神不振、身心俱疲。想要消除这些负面想法，我们首先要修养身心，然后才能产生强大的力量去创造一切。

## 想要的太多让你心浮气躁

余秋雨曾经说：“因为我们的历史太长，权谋太深，兵法太多，黑箱太大，内幕太厚，口舌太贪，眼光太杂，预计太险。所以，我们习惯对一切事物‘构思过度’。”其实，这个世界非常简单，并不像人们想象得那么复杂，复杂的只是人心而已。实际上，假如能够丢掉对生活无限的“构思”，人心也可以变得很简单。在生活中，越来越多的人在欲望的驱使下疲于奔命，直到不堪重负的时候才发现自己变得越来越浮躁，越来越累。其实，这只是因为人们的心太贪，希望得到太多的东西，所以才会在不知不觉中迷失了自己。

要想获得心灵的宁静，不再迷失在对物质的追求之中，我们可以从简化生活开始，降低自己对物质生活的要求，削减不必要的开支，淡化自己对名利等身外之物的追求，充分享受内心的体验。只要能够持之以恒，就一定会取得效果。其实，每个人都有属于自己的幸福。例如，你很健康，比起身患疾病的人来说，你有足够的时间享受阳光雨露；你四肢健全，比起残疾的人来说，你能跑能跳，能歌善舞；你拥有爱人，比起形只影单的人来说，你心有所属，找到了自己灵魂的归宿；你有自己视为生命的孩子，你可以全心全意地照顾他，抚养他长大成人，看着他一天天茁壮成长。

其实，人生幸福必须具备的条件包括健康的身体、美满的家庭、维持生计的钱财等，这些也是保障幸福的必要条件。但是，在追求这些的过程中，我们应该时刻牢记自己的最终目标是幸福。假如为了追求金钱而没日没夜地劳作，不仅损害了身体健康，而且使妻儿因为受到冷落而心生抱怨，那么这种追求就失去了意义。在生活中，很多男人就是这样的。他们为了给家人创造更好的生活条件，夜以继日地拼命工作，最后不仅得了脂肪肝、酒精肝、高血压、高血脂等慢性疾病，还因为忙碌根本没有时间陪伴妻子儿女，导致妻子儿女满肚子意见。试想，这种追求还有什么意义呢？显然，他已经忘记了自己追求金钱的目的。对于孩子来说，假如陪伴他一起玩耍一天就能够使他感受到莫大的幸福，那么，你又何必非要挣很多钱给孩子买玩具呢？对于妻子而言，假如只是希望你能在晚饭后陪她散散步，你又何必为了多挣点儿加班费去加班呢？总而言之，要记住自己的目的，不要让欲望把自己的心装得太满。那么，究竟应该怎样把握好这个度呢？生活最大的智慧就是了解自己的需求，因为正当的欲望是合理的。相反，如果想追求太多的东西，就相当于为自己的生活套上了沉重的枷锁。众所周知，人最宝贵的是自由，假如失去了自由，还何谈快乐？由此可见，只有抛弃不必要的欲望枷锁，才能找回幸福简单的生活！

现代社会，人们越来越浮躁，什么都讲究快，即使爱情，也进入了“快餐”时代。在这种情况下，人们又如何恢复内心的平静呢？只能一个比一个更浮躁地匆匆往前赶。的确，在这个凡事讲求速度和效率的时代，要求一个人像在慢时代一样温吞地生活确实有些强人所难，但是，在行色匆匆的同时，我们应该给自己留一些安静的时间，审视自己的内心，看看自己是否已经在对物质的追求中迷失了自己。如果是，那请给自己时间和机会沉淀下来。即使你再怎么着急奔向自己的目标，也要保持内心的宁静祥和。要想获得幸福，就应该想清楚自己究竟想要怎样的生活。一定要记住的是，不管什么时候，欲望越多，离幸福越远，心态越浮躁；欲望越少，离幸福越近，心态越平和。

## 放空大脑，让心神得以休息

生活中的你，是否很容易忧虑？你是否像林黛玉一样多愁善感？你是否因为天气不好而心情烦躁？你是否会莫名其妙地悲观沮丧？每当周围有人在吵架的时候，即使与你无关，你是否也会变得烦躁、紧张？你是否经常感到惶恐不安？面对众多的选择，你是否总是无所适从，很难下定决心？如果你有三个以上的回答都是肯定的，那么，显而易见，你是一个对外部环境非常敏感的人，你很容易受到外物的影响。那么，接下来你要做的事情就是学会冥想，为自己建立一个强大的心灵屏障，学会从淡定的生活态度中获取能量。这样一来，外界的消极情绪、负面能量就不能轻而易举地影响到你，你可以更加平静地生活、工作，变得更加从容淡定。

其实，在这个方面我们应该向新生婴儿学习，虽然他们每天都无所事事，除了吃喝拉撒睡，就是自言自语，但是他们丝毫不会觉得枯燥，更不会着急、焦虑。究其原因，是婴儿的心灵非常纯净，就像一张白纸，他们所有的注意力都集中在自己的身心之上。所以，他们可以兴趣盎然地盯着自己的手看半天，或者淡定地啃着自己的脚趾。那么，怎样才能使自己更加专注、淡定呢？首先要学会放空，让自己专注于当下。

在生活中，绝大多数成年人的脑子里都充斥着各种各样的忧虑，似乎没有忧虑，人生就会显得过于苍白和空洞，简直无法继续下去。实际上，大多数人都无须忧国忧民，因此，他们的忧虑都是一些无关紧要的小事情，诸如“孩子今天吃饭很少，是不是不舒服？”“天气热了，每天上班路上多么痛苦啊！”“最近身体不太舒服，会不会生病了？要是我生病了，孩子怎么办？”“现代社会竞争这么激烈，孩子以后的压力得多大啊？”坦白地说，这些忧虑都是一些杞人忧天的忧虑，即使你再怎么琢磨，事情也还是会按照既定的轨道往前发展，因此诸如此类的忧虑毫无意义。

纵观人类的历史，人们总是心怀天下，因为各种各样无力改变的问题而忧心忡忡，甚至到了现代社会，人们忧虑的本性也丝毫没有得到改变。其实，既然我们所忧虑的问题是我们所无力改变的，那么，我们与其在无力的焦虑中度过每一天，还不如坦然面对，快乐地度过每一天。接下来，就不得不谈到放空。什么叫放空？假如把人们的大脑比喻成一个容器，那么，放空就是把这个容器中杂乱琐碎的东西清理出去，即把那些使你焦虑不安的事情都忘记，或者把那些使你紧张得夜不能寐的情绪统统释放出去，取而代之的是淡定、豁达。我们必须认识到，生活在这个世界上，很多事情都是人力所不能改变的，因此，我们所要做的就是快乐地度过每一天。曾经看到过一句话，大意是，把每一天都当成是世界末日，努力地、用心地过好每一天。

其实，放空自己就是这么简单，但同时也是最难的一门学问。学会放空自我，一切烦恼就能烟消云散，就没有任何东西能强迫得了你，也没有任何东西能牵绊得住你。这就是你放空之后的心境。

## 静下来，让自我成长

你是否曾经有过这样的感受：晚上下班回家，远离了应酬，远离了工作，你倒头躺在沙发上，将双脚抬起来，任意地摆放着，或者可以跷个二郎腿，也不用担心会有人说你没有教养。接下来，你可以随便找本杂志盖在脸上，闭上双眼，让眼睛也好好休息一下。然后你可以放一段自己最喜欢的音乐，打开你的心，任凭思绪翻飞，你的记忆库被打开，开心的和不开心的回忆都会跑出来，想到忘情之处，脸上有温热的液体慢慢滑下，你也不知道这是幸福还是痛苦，但你已经深陷其中。徜徉在记忆的迷宫里，享受着亲情、友情、爱情，这些情感正如青烟袅袅升起。

然而，这看似简单的快乐，又有多少城市人能懂得品味呢?

的确，生活中，我们每个人每天都要为生计奔波，都要面临繁重的工作压力，我们常常需要周旋于各种应酬场合中，但你有没有发现，我们似乎很少静下心来，思考人生，思考自己。立身于尘世中太久，你是否经常有孤独、寂寞、窒息的感觉？你是否知道自己要的到底是什么样的生活？你的心是否曾经被一些自私自利的狭隘思想笼罩过？你是否已经变得人云亦云？为此，处于闹市中的我们，都要做到给自己一段独立思考的时间，尝试着为心灵减负。

本杰明·富兰克林并不是出身官宦之家，相反，他小的时候，家里很穷。他也只在学校读了一年书后就不得不出去工作，但童年的艰辛并没有磨灭他的理想和意志，反而激励他更加努力。最终，他成功了，他成为美国人心中杰出的政治家和外交家。其实，富兰克林并不是天才。那么，除了刻苦勤奋外，他是不是还有什么成功的秘诀呢？事实上，在富兰克林的身上，有一种非常重要的品质，那就是经常独处、反省自己。正是这种品质，促使他不断地发现自己的缺点，不断改进，成为一个拥有很多美德的人，最终走向成功。

每天晚上，富兰克林都会问自己：“我今天做了什么有意义的事情？”

他检讨自己，发现自己有13种严重的缺点，而其中最为严重的是，喜欢与人争论、浪费时间、总被小事扰乱心绪。他通过深刻的自我检讨认识到：如果想要成功，就一定要下决心改造自己。

于是，他设计了一个表格。表格的一边写下自己所有的缺点，另一边则写上一些美好的品质，比如俭朴、勤奋、清洁、谦虚等。他每天检查，反省自己的得与失，立志改掉缺点，养成那些美德。这样持续了几年，他终于成功了。

从这个故事中，我们也不难发现，让自己安静下来，是提升自己的最好方法，它还能让我们看清自己，看清自己把精力花在了什么上面。是钱？是权？还是情？到底是什么让你痛苦？让你不能放下？问清楚这些问题，也许你就能看清自己。

的确，身处紧张、忙碌的现实世界中，我们的思想渴望得到放松，静心就是看到实情并超越它，当头脑、身体和心灵真正安静和谐时，也就是当头脑、身体和心灵完全合二为一时，我们便得到释放了。

要做到这点，我们就需要养成在寂寞中思考、在独处中倾听内心声音的良好习惯。你一个人待着时，你是感到百无聊赖、难以忍受，还是感到一种宁静、充实和满足呢？对于有“自我”的人来说，独处是让内心清静下来的绝好方法，是一种美好的体验，固然寂寞，但却有利于我们灵魂的生长。

总之，我们每个人都要做一个耐得住寂寞的人，只有这样，才能够挖掘出另一个自己，你也许会发现自己拥有某些惊人的力量，也可能会发现自己的缺点或者做得不够好的地方，然后加以改正，使自己不断进步，并能够扬长避短，发挥自己的最大潜能，从而不断获得成功。

## 每一天都是生命中独特的一天

有人说，生命就像一段旅行，在这段旅行中，我们会遇到艰难险阻，会遇到暴风骤雨，会遇到阳光灿烂，会邂逅美丽风景。但无论如何，只要我们坚定信念，就能全身心拥抱生命，即使饱经风霜，我们依然对生命充满热情，感悟生命中的点点滴滴；更能感受到生命之旅中，那些沉重的雨点击打时所带来的震撼和激情。的确，阳光落下了明天仍会升起，鲜花落下了还有果实，青春落下了还有金秋。只要你能驾驶，帆落了还有桨；只要心中充满希望，月亮落下了，还会升起太阳。

对生活充满热情，我们的旅途就会时时处处生长着绿意和生机，我们的生命就会无与伦比的美丽。因此，我们应该把每一天都当成生命的第一天。

有这样一个年轻人，他认为自己已经看破红尘，于是，他什么都不干，每天只是懒洋洋地躺在树底下。

有一个智者见到此景，想开导他，于是就问他：“年轻人，你年纪轻轻的，怎么不去工作、赚钱？”

年轻人说："没意思，赚了钱还是要花掉。"

智者又问："你怎么不结婚？"

年轻人说："没意思，现在离婚的人太多。"

智者说："你怎么不交一些朋友？"

年轻人说："没意思，交了朋友弄不好会反目成仇。"

智者给年轻人一根绳子说："那这样吧，你干脆用它了结生命吧，反正也得死，还不如现在死了算了。"

年轻人说："我不想死。"

智者又说："生命是一个过程，不是一个结果。"年轻人幡然醒悟。

这就叫"一语点醒梦中人"。一个年纪轻轻的人，却变得老态龙钟，什么都不愿尝试，对生活失去热情，这样，生命还有什么意义呢？安诺德曾说："世界上最糟糕的事，莫过于人类丧失了他的热情。只要仍保有热情，即使失去了一切，他仍旧能够东山再起。"

生命是一个括号，左边括号是出生，右边括号是死亡，我们要做的事情就是填括号，要争取用精彩的生活、良好的心情把括号填满。

怎么享受生命这个过程呢？我们应该把注意力放在积极的事情上。生命如同旅游，记忆如同摄像，心态决定选择，选择决定内容。

因此，每天清晨，当我们起床后，都应该给予自己积极的心理暗示，有时候，如果你在内心告诉自己，我是健康的、积极的，那么，你就会健康、积极起来。假装热情，你就会变得热情起来。然后照照镜子，给自己一个微笑，永远用你漂亮的面容，温暖而热情地对待你的家人。别忘了，是你主宰了你的家庭生活，你可以让每一天都光辉灿烂，也可以让每一天都阴暗忧郁。

然而，生活在我们周围的一些人，为了彰显自己超然于物外，他们宁愿独处，不交朋友，他们“自我中心”且“被动”，等着别人先关心自己，建立关系。事实上，久而久之，他们便真的失去了朋友，内心世界也真的孤独了。其实，在喧嚣的人世间我们想要保持内心的宁静，需要的是静下心来，坚定自己的信念，而不是把自己孤立起来。因此，从现在起，不妨大胆地走出自我限定的世界吧！

1. 交几个知心朋友

“千里难寻是朋友，朋友多了路好走”“朋友是自己成功的阶梯”“朋友是人生中宝贵的财富”这些话都说明了朋友对人的重要性，也说明了人对友情的渴望。两个亲密无间的朋友会无话不谈，即使是在很远的地方也能够感觉到彼此的存在，会互相帮助，共同成长。打个比方说，当你不小心割伤了手指时，你一定会立刻找创可贴。当你遇到烦心事时，你肯定会需要有人在旁边支持你、开导你，给你加油打气。要想处理好压力，那你必须要有强大的“后备力量”。 也就是说，我们只有拥有几个可以掏心掏肺的知己，才能在需要他们时，让他们挺身而出。

2. 心情不好时最好找能帮助你排遣压力的知己倾诉

如果你把你的压力和困扰告诉朋友，可以让你觉得舒服些的话，这未尝不是个好方法。你可以找一些可以信任的朋友，一起出去喝咖啡，把你的困扰告诉他们。

事实上，日常生活中也充满了交友的机会。例如在每天上班搭乘的公交车里、在图书馆中、在公园中遛狗时……我们经常可以在合适的时刻与人交谈。若有机会（例如两人每天上班必须搭同一班车），双方就可以进一步成为朋友。即使没有机会，一个微笑、一句问候的话，都可以带给自己和别人一些温暖，让这世界变得美好些。

总之，无论我们经历过什么，从今天起，都要做个简单的人，踏实务实，不沉溺幻想，不庸人自扰。要快乐、要开朗、要坚韧、要温暖，永远对生活充满希望，对于困境与磨难，微笑面对。

## 静下心来，更能体会生活的滋味

现代高速运转的社会让生活中的很多人变得浮躁起来，在灯红酒绿的都市生活中，到处充满着诱惑。然而，能做到静下心来的人寥寥无几，人性中的单纯、朴实早已被我们甩在了身后。也许在这个快节奏的时代，我们真的走得太快了，是该停下脚步，等一等被我们丢远的灵魂了。这样，才能让自己的心静下来，思索我们的人生。只有这样，我们才能活得明白。

两千多年前，古希腊有一位哲学家叫迪奥尼斯。

他是个思想怪异的人，经常会在大白天提着灯笼穿梭在大街小巷，人们问他在找什么，他回答道："我正在找人，人都迷失到哪里去了呢？"

原来，当时的雅典经济繁荣，然而，正是因为物质的充裕，导致了很多人被荣华富贵迷住了双眼，出卖了自己和灵魂，丢失了自己。所以哲学家奔走呼吁：人们哟，千万不要迷失自己。故此"认识你自己"这句话，便镌刻在了古希腊德尔菲神庙顶上。

古人尚且深知要把握自己，不要迷失自己，然而，在逐步现代化的今天，我们生活的周围，却总是不断上演着"迷失自己、沦落陷阱"的悲剧。多少为官者在声色犬马中逐渐失去自己当初做人的原则，甚至不惜牺牲人民的利益，最终被绳之以法；又有多少年轻人禁不住外界的诱惑，放纵自己，甚至以身试法，最终自食其果。

的确，在这个纷嚷嘈杂的世界，金钱、美色、权力、地位、名声充斥了整个现实生活，给人们太多的诱惑，于是人们更多地注重对身外之物的关注和追求，迷失在物欲横流中。这个事实引人深思，发人深省。事实上，只有那些内心淡定的人，才能看清楚自己的内心而不至于迷失自己，他们无论是处于逆境还是顺境，也不管这个世界是浮华还是痛苦，总是能保持平静的心态。

当然，要让自己活得明白，就需要我们做到以下几点。

首先，静下心来，认识自己。这并不意味着我们要放弃对物质生活的追求，相反，我们应该努力劳动、努力工作，去追求自己想要的生活。劳动与工作是一个人存在的价值。然而，有些人却在这个过程中进入了误区——遗忘、迷失了自己。你始终不能忘记的是，你自己才是主人公，是追求美好生活的主人公。因此，首先必须认识自己，好好地问一问自己：我为这个世界做了什么？留下了什么？

其次，要树立正气。人们常说，心底无敌天地宽。无论是社会还是个人，都需要正气，它指引我们正确做人、正确做事。有了正气，我们就能看穿欲望陷阱，就能不迷失自己。

最后，要学会享受一个人的寂寞，学会在独处中反省自己。一个人若想活得明白，就不能浑浑噩噩地活着，而应该做到经常反省自我。反省自己的德行、过失，等等，当然，这需要我们学会享受宁静。然而，现代社会虽然是不断前进的，但前进的过程中，难免会出现一些阻碍、陷阱等，一个人想不迷失自己，就应时时反省自己，排除前进道路上的种种诱惑和阻碍，从而使人生之路越走越敞亮。

不想迷失自己，就要懂得享受宁静。脱下白领的衣服换上流行时装走进灯红酒绿的地方，好像成了现在人们放松的一种方式，随着灯光的闪烁人们摇摆着头甩着头发，这真的是一种放松的方式吗？灯红酒绿下，不知今夜又有多少无辜的少女或者少男沉醉在此，这是一种解脱的方式吗？

坚守一份执着，在迷茫的水面稳驾一叶轻舟；不再迷失自我，在喧嚣的尘世保持一份静默。迢迢暗夜，望一柄北斗为我们引路；茫茫雾海，燃一盏心灯为我们导航。你可以一无所有，但不能失去可贵的自信与执着。

在人生发展的道路上，我们选择如何往前走，决定了我们生命的高度。一些人贪图享乐，甚至愿意一条路走到黑，他们浑浑噩噩地度过每一天，在错误的道路上越走越远，甚至在追逐已定目标的道路上逐渐迷失了自己。因此，我们每个人都应该学会正确地定位自己、认清自己，看到自己的价值，然后找准目标，挖掘自己的内在动力，再朝着正确的方向努力，这样你就能充分发挥自己的价值。可以说，这样的人生才是“明白”的人生。而在灯红酒绿的现代社会，我们要想活得明白，就一定要静下心来，要告诉自己，绝不可迷失自己，不管遇到多大的风浪都要坚定自己的立场。

## 学会享受独处的时光

你是否有过这样的经历：紧张地处理完手头的工作，你离开办公桌，沏一杯咖啡，来到窗前，静静俯瞰这城市中匆匆行走的人们，你是否觉得自己累了太久，寂寞好难得？在万籁俱寂的子夜时分，你沉沉地睡去，但一想到次日依旧要面临繁杂的工作、生活，你是否觉得心力交瘁？你听够了上司的训导，同事的唠叨，孩子的哭闹，家人间的争吵，你是否很渴望能独处？

的确，在人的一生当中，寂寞、独处的时间实在太少了，尤其是在这喧哗的世界里，难得寂寞一回！在大都市里，寂寞真的是一种少有的平静，没有压力，没有喧哗，只有安静，只有自己的呼吸，只有平平淡淡。在万物沉睡的凌晨，在肃静的内室之中，或是在空旷的郊野，在所有这些寂寞的时候，凡尘的烦琐事务离我们远去了，忧虑与烦忧也不再侵害我们，我们的内心自然会生出许多平安欢喜的感激之情。此时思绪静止，内心安详而淳朴，你会感到一种与天地同在的醉意。

事实上，内心淡定的人，即使再忙碌也会偷出空闲滋养自己。他们像秋叶一样静美，淡淡地来，淡淡地去，给人以宁静。白日的尘埃落定，他们会在灯下读点书，修复日渐粗粝的灵魂，使自己依然温婉和悦。朱自清先生在散文《荷塘月色》中写过这样一段话：“我爱热闹，也爱冷静；我爱群居，也爱独处。”人在独处之时可以想许多事情，可以不受他物的牵绊，让自己的思想尽情遨游，在深思熟虑中获得生命的体验与感悟。这便是孤独的妙处吧。

曾经有个服刑的犯人在监狱中写下了一篇悔恨的日记：

自从穿上了这身囚服，我才知道什么叫寂寞，我才发现自由是多么可贵。我这种无法倾诉的无奈，仿佛广袤沙漠里没有一丝风。牢房里，虽然不乏各种新闻，也不乏各种话题，但我不感兴趣。环境特殊，彼此都害怕对方窥视自己的内心世界，所以人人都不得不心墙高筑。在这种氛围里，那份孤独就显得更加沉重和百无聊赖。

于是，为了打发时光，空余时间我便拿出书来读。刚开始，我看的是一些修养身心的书，我不急不躁，细嚼慢咽，居然读了进去。接下来，我又喜欢上了一些道德、法律方面的书，竟让我读出了心得，读出了情感。到后来，我已不光读，而是在“听”了——听哲人谈人生道理，听名人谈生活经验，听学者对世事的看法，听强者怎样面对挫折。

时间久了，读的书多了，我才发现自己真的错了，以身试法是多么愚蠢啊，不过现在还来得及，于是，我拿起久违的笔抒发对亲人的思念、检讨曾经的得失……一篇文章的构思过程，就是一次心灵净化与充实的过程，虽然难免有忧伤，有惆怅，但却不浮躁，不空虚。曾经失落、沮丧的心绪已渐渐舒展，漫长的时光已不再无聊，不再孤寂。这是否算一种境界？

我曾经暗叹牢狱生活的漫长，如今却发现如果能够做到把刑期当学期，便可以学到许多对自己有用的知识。学会在寂寞中充实自己，人生才会感到充实，才能得到许多意想不到的收获！

看到这篇日记，我们不得不感到欣慰，孤寂的牢狱生活并没有让他再次堕落，他选择了以读书来充实自己的内心。的确，心与书的交流是一种滋润，也是内省与自察。伴随着感悟与体会，淡淡的喜悦在心头升起，浮荡的灵魂也渐归平静，让自己始终保持着一份纯净而又向上的心态，不失信心地契入现实，介入生活，创造生活。尘世中的我们，又是否有这样一种安然、宁静的心呢？你是否深思过自己是否已被这纷乱的世界扰乱了思绪呢？

生活中的我们也要学会享受生活、享受寂寞。当我们独处时，我们可以有很多选择。比如，旅游是很多现代城市人放松自己的方法，长时间游走于钢筋混凝土中的人们，应到大自然中去。山区或海滨周围的空气中含有较多的阴离子。阴离子是人和动物生存必需的物质。空气中的阴离子越多，人体的器官和组织所得到的氧气就越充足，新陈代谢机能便旺盛，神经体液的调节功能增强，有利于促进机体的健康。越健康，内心就越容易平静。

又如，读感兴趣的书，读使人轻松愉快的书。或许你在读时漫不经心，随便翻翻。但一旦发现一本好书，你就会爱不释手，百看不厌。到那时，你不知不觉间就会将尘世间的一切烦恼都抛到九霄云外去。

再如，听音乐。听听音乐也会让你身心放松下来。音乐是人类美好的语言。听好歌，听轻松愉快的音乐会使人心旷神怡，沉浸在幸福愉快之中而忘记烦恼。放声唱歌也是一种气度，一种潇洒，一种解脱，一种对幸福生活的呼唤。

总之，寂寞是一种宝贵的情感，平庸的人总不能享用寂寞，难以在寂寞中寻求灵魂的清净与成长，而内心淡定的人则能抓住难得寂寞的时间来洗涤自己的心灵，享受一个人的美妙世界！

# 第 11 章

## 静下心来专注一处，深挖自己的井

我们发现，很多成功者都有个共同的特征——他们是行动的巨人，他们做得多想得少，他们认真专注，在专注的过程中，他们经过了沮丧和危险的磨炼，才造就了天才。的确，即使是一个才华一般的人，只要他在某一特定的时间内，全身心地投入和不屈不挠地从事某一项工作，他也会取得巨大的成就。

## 热爱让你拥有更多的专注力

人生在世，要有一番成就，就必须要有目标，这是毋庸置疑的。正是因为这一点，现实生活中的很多人，认为自己手头的工作毫不起眼，他们总是渴望拥有一份更能发挥自己能力与价值的工作。但是专注于手头的工作、全力以赴，也能让你产生火热的激情，让你每天都获得进步。成功始于源源不断的工作热忱，你必须热爱你的工作。热爱你的工作，你才会珍惜你的时间，把握每一个机会，调动所有的力量去获取出类拔萃的成绩。

詹姆斯·巴里说：“快乐的秘密，不在于做你所爱的事，而在于爱你所做的事。”工作在我们的人生中占据了大部分最美好的时光。比尔·盖茨有句名言：“每天早上醒来，一想到所从事的工作和所开发的技术将会给人类生活带来巨大的影响和变化，我就会无比兴奋和激动。”

苏格拉底说：“不懂得工作真义的人，视工作为苦役。”这句话的含义是，工作是否能为我们带来快乐，取决于我们对工作的看法和态度。因为快乐的秘密，不在于做你所爱的事，而在于爱你所做的事。当我们能做到为自己工作，为明天积累时，那么，你将拥有更大的发挥空间，更多的实践和锻炼机会。找到工作中的乐趣，能够让你在工作岗位上更主动更积极地处理各项事务，为自己不断开创新的工作机会和发展空间。

追求快乐固然没有错，但你要明白，只有踏实工作才是真正快乐的源泉。不可否认，浮躁的现象在很多人中普遍存在，具体表现在他们看不到劳动的真正价值，更做不到安心工作、心浮气躁，事情刚做到一半，就觉得前途渺茫、失去兴趣，于是，他们只能一事无成。

事实上，即使你现在感觉厌烦工作，但是再做一些努力，忍辱负重、积极向前，也许人生的大转变就会到来 。

孙女士是一个典型的事业型女人，但同时，她又是个不喜欢喧闹的人。2003年，她就开了一家自己的茶楼，很多朋友问她为什么做这行，她的回答是：“我喜欢安静的氛围，听安静的音乐，安静地喝茶，那么，所有生活、工作的压力也都不翼而飞了，所以我觉得开这个茶楼能让客人暂时忘却一切烦扰，心神安宁。”

的确，开业至今，孙女士的茶楼在圈内已小有名气，黑白色调，纯正的茶香，大厅里有一面偌大书墙，清淡的书香与茶楼气质融为一体。认识她的人都说，孙女士像极了她店内墙壁上所画的女子：安静、温柔、追求完美。

但她似乎又总是充满能量，总是不知疲劳地工作。

对孙女士来说，最快乐的事情是早起出门去上班。“我希望客人在走进茶楼的第一时间里就能感受到我们准备好的一切——干净的空气、新鲜的花、清澈的玻璃窗、没有味道的卫生间……”孙女人总喜欢亲自招呼客人，“我所做的全部都是站在客人的角度上，把自己当成一个客人去挑剔。”

无论在什么时候，孙女士都是一个工作狂：以前作为公司的部门经理，每天工作时间常常超过8小时，精力旺盛，喜欢挑战；自己做老板了，还事必躬亲。“我只要一工作就感觉非常满足，”孙女士说，“我觉得我是属于压力型的，压力越大工作越出色。”

故事中的孙女士为什么能拥有成功的事业？因为热爱！是这份热爱让她充满了能量，而其实，你也能做到。

的确，在人生过程中，倘若劳动不能给我们带来至高无上的快乐，那么，即使你通过其他方式获得了快乐，最终留给我们的也不过是不尽如人意的缺憾。而且，专心致志于工作，不仅可以给我们带来成就感，还可以为我们奠定做人的基础，锤炼我们的人格。

## 沉下心来，努力提升专注力

罗曼·罗兰曾言：“与其花许多时间和精力去凿许多井，不如花同样的时间和精力去凿一口深井。”的确，在很多领域内都付出努力，我们的精力难免会被分散，也会难以进步，导致最终什么都做不成。而我们只有沉淀自己，一心一意去做某件事，做到不腻烦、不焦躁，埋头苦干，坚持不懈，才能有所收获。

事实上，专注力是人的自控力的重要方面，需要我们将其运用到日常行为习惯的培养中，做到坚持不懈，才能塑造出优秀的人格，历练出强有力的自制力。

莫泊桑是19世纪法国著名作家。他从小酷爱写作，孜孜不倦地写下了许多作品，但这些作品都是平平常常的，没有什么特色。莫泊桑焦急万分，于是，他去拜法国文学大师福楼拜为师。

一天，莫泊桑带着自己写的文章，去请福楼拜指导。他坦白地说：“老师，我已经读了很多书，为什么写出来的文章总感觉不生动呢？”

“这个问题很简单，是你的功夫还不到家。”福楼拜直截了当地说。

“那怎样才能使功夫到家呢？”莫泊桑急切地问。

“这就要肯吃苦，勤练习。你家门前不是天天都有马车经过吗？你就站在门口，把每天看到的情况，都详详细细地记录下来，而且要长期记下去。”

第二天，莫泊桑真的站在家门口，看了一天大街上来来往往的马车，可是一无所获。接着，他又连续看了两天，还是没有什么发现。万般无奈，莫泊桑只得再次来到老师家。他一进门就说：“我按照您的教导，看了几天马车，没看出什么特殊的东西，那么单调，没有什么好写的。”

“不不不！怎么能说没什么东西好写呢？那富丽堂皇的马车跟装饰简陋的马车是一样的走法吗？烈日炎炎下的马车是怎样走的？狂风暴雨中的马车是怎样走的？马车上坡时，马怎样用力？车下坡时，赶车人怎样吆喝？他的表情是什么样的？这些你都能写得清楚吗？你看，怎么会没有什么好写呢？”福楼拜滔滔不绝地说着，一个接一个的问题，都在莫泊桑的脑海中打下了深深的烙印。

从此，莫泊桑天天在大门口，全神贯注地观察过往的马车，从中获得了丰富的材料，写出了一些作品。于是，他再一次去请福楼拜指导。

福楼拜认真地看了几篇，脸上露出了微笑，说：“这些作品，表明你有了进步。但青年人贵在坚持，才气就是坚持写作的结果。”福楼拜继续说：“对你所要写的东西，光仔细观察还不够，还要能发现别人没有发现和没有写过的特点。如你要描写一堆篝火或一株绿树，就要努力去发现它们和其他的篝火、其他的树木不同的地方。”莫泊桑专心地听着，老师的话给了他很大的启发。福楼拜喝了一口咖啡，又接着说：“你发现了这些特点，就要把它们写下来。今后，当你走进一个工厂的时候，就去描写这个厂的守门人，用画家的那种手法把守门人的身材、姿态、面貌、衣着及全部精神、本质都表现出来，让我看了以后，不至于把他同农民、马车夫或其他任何守门人混同起来。”

莫泊桑把老师的话牢牢记在心头，更加勤奋努力。他仔细观察，用心揣摩，积累了许多素材，终于写出了不少有世界影响力的名著。

的确，和莫泊桑一样，很多成功者之所以成功，就是因为在专注的过程中，经过了沮丧和危险的磨炼。福韦尔・柏克斯顿认为，成功来自一般的工作方法和特别的勤奋用功，他坚信《圣经》的训诫：“无论你做什么，你都要竭尽全力！”他把自己一生的成就归功于对“在一定时期不遗余力地做一件事”这一信条的实践。

那么，具体来说，我们该如何提升自己的专注力呢？

1. 一次只做一件事

如果你决定了做一件事，那么，你就要做到专注，然后，你需要问自己：“在这些要做的事情中间，哪件事最重要？”选出那件最棘手的事，然后保证自己在接下来一段时间内只专注于它。

2. 排除干扰

在你准备做一件事时，请收拾好你的书桌，关闭手机，关闭电脑的浏览器等，避免那些容易使你分心的事，你的学习和工作效率会提高很多。

3. 动机

明确你行动的动机有助于增强你的专注力，并且能让你出色地完成任务。你要知道你为什么要去专注于某事，而且要清楚如果你不专注于此事会有什么样的后果。

此外，你可以想象一下假如你朝着一个方向前进的话，你的生活将会是什么样子的。想象一下你理想中的生活，让它清晰可见并让它时刻浮现在你脑海中。

4. 深呼吸

当你开始新的一天时，问自己一个问题：“我在呼吸吗？”然后做几次深呼吸。问你自己：“我现在感觉放松吗？”如果你的回答是“不太放松”，那么先什么也不要做，继续深呼吸。

5. 享受当下

当下是我们所拥有的一切，也是人生中最美好的时刻，生活只存在于当下。我们只有去珍视它，祝福它，感激它，体验它，才不会辜负好时光。所以，朋友们，不论此时的你在做什么，都要给自己留出时间去充实地享受当下的美好生活……

总之，人生路上，我们不要有太多的空想，而要专注于眼前的工作。

## 专注于内心的目标不放弃

目标在追求梦想过程中的重要性早已毋庸置疑，一个人要想成功，首先就得明确目标，有了目标，才有前进的方向，才不至于在前进途中迷失了方向。明确了目标之后，还需要朝着这个方向不断地努力和追寻，而且不管路途中有什么样的困难和挫折我们都需要学会忍耐和坚持，因为忍耐是一种对胜利的执着。生活中，人们听到“逆境”“挫折”这样的词儿总是紧皱眉头，郁郁不得志。在他们看来，逆境意味着绝路，或许，自己再也没有翻身的那一天了。但往往事情并不是这样的，多少成大事者都是从逆境风雨中走了过来，从而获得了巨大的成功。

也许，你会问，同样是逆境，怎么会出现这样大的差别呢？那是因为，在逆境风雨中，那些坚持下来的人，他们有明确的目标，更懂得在追求目标的过程中忍耐，于是，他们往往会收获一份意想不到的礼物：或是乐观的心态，或是顽强的斗志，或是困难中的机遇，也正是忍耐过程中所获得的经验与教训，铸就了他们最后的成功。在追求目标的过程中，我们总是会遇到各种各样的挫折与困难，也许我们并不欢迎逆境、磨难的到来，但是，当它们与我们不期而遇的时候，请不要调转回头。它们就好似魔鬼，一旦看上你，就会对你穷追猛打，不舍不弃。而那些躲避甚至逃跑的人，只会被他欺负得更加悲惨。如果你想成大事，那就应该明确自己的目标，学会忍耐，这样才能经得起逆境风雨的洗礼。

卡莉·费奥瑞娜从斯坦福大学毕业以后，满腔抱负，认为自己一定能做出成绩、成就一番事业。然而，令她感到遗憾的是，她的第一份工作竟然是一家地产公司的电话接线员，每天的主要工作就是打印、复印、端茶倒水和整理文件。对于女儿这样一个从名牌大学出来的毕业生竟然做这样的工作，她的父亲很不满，然而，费奥瑞娜自己却不这样想，她勤勤恳恳地工作，而且，没有放弃过学习。有一天，公司的经纪人向费奥瑞娜问道："你能否帮忙写点文稿？"卡莉·费奥瑞娜点了点头，凭着这次撰写文稿的机会，她展露了自己卓越的才华。在以后的日子里，卡莉·费奥瑞娜不断发展，后来成为惠普公司的CEO。

卡莉·费奥瑞娜刚开始进入社会的时候，不受重视，只能替人打杂跑腿，接受无端的批评、指责，得不到提携，处于自生自灭的境况中。但是，她并没有选择放弃，而是心有目标，并学会在逆境中继续忍耐，等待机遇的降临。最后，懂得忍耐的她等到了自己的机会，也实现了自己的目标。

任何一个人在追寻目标的过程中，都注定将经历不同的苦难、荆棘，那些被困难、挫折击倒的人，他们必须忍受生活的平庸；而那些战胜苦难、挫折的人，他们能够过五关斩六将，突出重围，赢得成功。对于生活中的我们来说，需要明确自己的目标，而且朝着目标前进，在追寻目标的过程中，要学会忍耐，因为忍耐是对胜利的一种执着。

杨瑞丹是美国杨氏设计公司的总裁，同时，她也是一位资深生活设计师。早年，她毕业于纽约大学的室内设计专业，后来在美国密歇根大学获得硕士学位。作为设计行业的领军人物，她已经从事设计工作三十年了，在工作中，她倡导创造高品质的生活，并将不同的潮流设计带入室内外的设计中。与此同时，她所创造的品牌不断发展壮大，得到了越来越多人的支持与认可。

初识杨瑞丹，发现她是一个优雅恬淡的女子：细柔的言语、恬淡的笑容。但是，随着交谈的深入，人们很快就会发现她并不是一个柔弱的女子，在她的骨子里有着一份比男人更强的坚韧、执着。在受传统思想影响的社会，一个女人想要做成事真的很难，她们往往比男人付出更多，却收效甚微。杨瑞丹说："我并不想做一个女强人，也不喜欢别人这样称呼我。在中国，大部分的女性都很优秀，而我只是找到了自己想要去坚持和努力的信仰，凭着那份坚韧与执着一步步走下去而已。"

早年，杨瑞丹随着移居美国的父亲第一次踏进中国，后来，由于工作原因便常常往返于中国与美国之间。随着对中国的熟悉，心有志向的杨瑞丹决定在中国成立工程公司。刚开始创业的时候，她白天做设计，晚上去工地检查、指导、学习……之后回忆那段辛苦的日子，她说："一个女人在中国北京，没有任何背景，没有任何关系，一开始我赔了很多钱，无数次地想背包回去不来了，那会儿我还在生病，可是我想这么多人跟着我，人家把工作给我，就是相信我，所以，我只能成功，不能后退。"

杨瑞丹，就是一个懂得忍耐的女子，她心中的那份认真与执着，为其成功奠定了扎实的基础。

若是问到成功的秘诀，杨瑞丹坦言："耐性是杨氏在中国成功的秘诀。”找准了自己的目标，在追寻目标的过程中，杨瑞丹学会了忍耐，并将这份忍耐当作是对胜利的执着。当然，凭着这份对胜利的执着，她最终迎来了成功。

的确，人生就像马拉松赛跑一样，只有坚持到终点的人才有可能成为真正的胜利者。著名航海家哥伦布在他的航海日记上总是写着这样一句话“我们继续前进”。这话看似平凡，但也告诉了所有正在为目标奋斗的人们一个道理：达成目标需要无比的信心和意志力。在这个过程中，你只有坚守内心的目标，付出艰辛的劳动，才会实现蜕变、获得成功。

## 专心致志，不被他物所扰

人生在世，想要有一番成就，就必须要努力，就必须专注。而专注，通俗地说就是少想多做，努力向前。我们发现，那些攀岩成功的人都有个共同特征，那就是他们不会三心二意，左顾右盼，也不会向下看，他们会一直努力地攀登，即使脚下是万丈悬崖，他们也不会害怕。可见，如果我们希望成就一番事业，就必须做到内心淡定，心无旁骛，始终朝着目标前进。很多成功者在经历种种后，回望身后的辛酸血泪之路，都会发现，真正内心淡定的人才是最后的赢家。

然而，出现在我们周围的干扰因素太多，能抵抗干扰是一种意志和信念的较量。这更需要我们培养自己的专注力，无论做什么事，我们都要尽量做到“充耳不闻”，少想多做，才能训练自己的专注能力，才能一步一步进行自己的计划。

戴尔·卡耐基曾经根据很多年轻人失败的经验得出了一个结论：“一些年轻人失败的一个根本原因，就是精力分散，做不到专注。”托马斯·爱迪生曾说过：“成功中天分所占的比例不过只有1%，剩下的99%都是勤奋和汗水。”这句话告诉我们做事需要专注，不腻烦、不焦躁、一门心思才能取得好的效果。

著名作家埃里克说：“当我放弃我的工作而打算写一本25万字的书时，我从不让自己过多地考虑整个写作计划涉及的繁重劳动和巨大牺牲。我想的只是下一段，不是下一页，更不是下一章去如何写。整整6个月，我除了一段一段地写，没有想过其他方法。结果，书写成了。”

洛克菲勒也曾说过：“做事不抢时间，不求多，稳稳当当地做，就能做许多事情，这有多好！”这句话也就是在告诉我们所有珍惜时间的人，在做事时都要做到循序渐进、稳扎稳打。那么，如何才能做到稳扎稳打、专心致志呢？以下有四点建议。

1. 不要同时做两件或两件以上的事

计算机能同时运行两个甚至更多的程序，但我们却不能“一心二用”，认为自己可以同时处理很多事是一种误区，做好事情的前提是专注。然而，我们发现，一些人，一边学习，一边看电视，或者一边做策划案，一边上网，试想，这样怎么能聚精会神呢？这样自然不能集中精力去做事，久而久之，你便养成了一心二用的坏习惯。

为此，你必须克服这一缺点，做事时就专心做事，休息娱乐时就放松自己，经过一段时间，你会发现，自己无论做什么事，都专注多了，而最重要的是，效率也提高了很多。

2. 拟订做事计划

无论是学习还是其他事情，都不要把注意力过度放在整件事情上，而应该先拟订一个切实可行的计划，并努力做好第一步，而后再努力做好第二步，第三步……如此各个击破，最终达到自己的目标。

3. 善于总结

无论做事的效果怎样，只有做到及时总结，才会及时反省，尤其是对于错误和失败。要知道，成功源于从错误中学习，因为只要能从失败中学得经验和教训，便永不会重蹈覆辙。失败不会令你一蹶不振，这就像摔断腿一样，它总是会愈合的。大剧作家兼哲学家萧伯纳曾经写道：“成功是经过许多次的大错之后得到的。”

4. 要有追求完美的心态

“没有最好，只有更好”，十全十美的事做不到，也不存在，但你首先应该有一个追求完美的心态。“取法其上，得其中也；取法其中，得其下也；取法其下，不足道也。”只有与时俱进，以高标准的要求和精益求精的态度，聚精会神地抠细节，才能实现突破。

总之，生活中的人们，你应该记住，无论做什么事，要想取得成功，就必须专心致志，埋头苦干，切勿心猿意马，一心二用。就像约翰毛所说的：“成大事不在于力量的大小，而在于能坚持多久。”唯有如此，方能成事。

## 认真专注地将一件事情做到底

古人云：“有志者，事竟成，破釜沉舟，百二秦关终属楚；苦心人，天不负，卧薪尝胆，三千越甲可吞吴。”这句话的意思是说，只要我们坚持到底，无论梦想多大，都有实现的可能。我们常常发现有许多人在做事的最初都能保持旺盛的斗志，然而，随着遇到的挫折日益增多，他们变得懈怠，热情也退却了，最终放弃了希望，失去了自己应有的成功。

的确，某些看起来平凡的、不起眼的工作，只要我们能坚韧不拔地去做，坚持不懈地去做，那么，这种持续的力量就能帮助我们获得事业的成功。

当然，在坚持的过程中，你可能也会遇到一些压力和困难，但我们要明白的是，此时你更应该有超强的意志力，再坚持一下，也许转机就在下一秒。这正如巴甫洛夫曾说的："如果我坚持什么，就是用炮也不能打倒我！"

老亨利是一家大公司的董事长，他是个和蔼的老人。有一次，产品设计部的经理汤姆向老亨利汇报说："董事长，这次设计又失败了，我看还是别再搞了，都已经第九次了。"汤姆皱着眉头，神情非常沮丧。

"汤姆，你听我说，我让你来设计，就相信你能成功。来，我给你讲个故事。"老亨利吸了一口雪茄，开始讲起来："我也是个苦孩子，从小没受过什么正式教育。但是，我不甘心，一直在努力，终于在我31岁那年，我发明了一种新型的节能灯，这在当时可是个不小的轰动呢！但是，我是个穷光蛋，要进一步完善需要一大笔资金。我好不容易说服了一个私人银行家，他答应给我投资。可我这种新型节能灯刚一投放市场，其他灯的销路就被阻断了，所以就有人暗中阻挠我成功。谁也没想到，就在我要与银行家签约的时候，我突然得了胆囊炎，住进了医院，大夫说必须马上做手术，否则就会有危险。那些灯厂的老板知道我得病了，就开始在报纸上大造舆论，说我得的是绝症，骗取银行的钱来治病。结果，那位银行家不准备投资了。更严重的是，有一家机构也正在加紧研制这种节能灯，如果他们抢在我前头，我就完蛋了！我躺在病床上万分焦急，最后只能铤而走险，不做手术，如期与那位银行家见面。

“见面前，我让大夫给我打了镇痛药。和银行家见面后，我忍住疼痛，装作没事似的，和银行家谈笑风生。但时间一长，药劲儿过去了，我的肚子就像刀割一样疼，后背的衬衣也让汗水浸透了。可我仍然咬紧牙关，继续周旋。我当时心里就只剩下一个念头：再坚持一下，成功与失败就在能不能挺住这一会儿！病痛终于在我强大的意志力下低头了，最后我取得了银行家的信任，签了合约。我在送他到电梯口时脸上还带着微笑，并挥手向他告别。但电梯门刚一关上，我就扑通一下倒在地上，失去了知觉。提前在隔壁等我的医生马上冲过来，用担架将我抬走。后来据医生说，当时我的胆囊已经积脓，相当危险。知道内情的人无不佩服我的这种精神。我呢，就靠着这种精神一步步走到现在。”

汤姆被老亨利的故事感动了，他感到万分惭愧。和董事长相比，自己遇到的这点压力算什么呢？

“董事长，您的故事让我非常感动，从您身上我真正体会到了再坚持一下的精神。我非常感谢您给我的鼓励和提醒。我回去再重新设计，不成功，誓不罢休。”汤姆挺着胸，攥着拳，脸涨得通红，说话的声音有些颤抖。

事实是最好的证明，在试验进行到第十二次的时候，汤姆终于取得了成功。

任何人、任何事情的成功，固然有很多方法，但最根本的就是需要坚持。不管遇到什么困难，只要风雨无阻并相信自己能成功，就一定能迎来曙光、迎来成功。老亨利和汤姆的成功就是最好的证明。相反，如果我们老在前进的道路上给自己设置重重的心理障碍，如果总是让自己刚迈出的脚步又退回原点，那么又如何战胜压力走向终点呢？唯有抱着一种不怕输、不认输的精神和一种失败后再坚持一下的勇气，你才能到达成功的彼岸。

也许，现在的你可能正在从事一项简单、烦琐的工作，你感受到了前所未有的压力，感受到自己的前途渺茫，但请你记住，这才是人生的精彩之处。反而，如果一个人，他的一生太幸运了，太安逸了，就远离了压力的考验，会使他变得毫无追求，苍白暗淡。一旦你失去了必要的压力，就会驻足不前，那么你就等于失去了成功的基石，有一天你会发现自己身后只剩一片悬崖。因此，面对现实工作给自己带来的压力时，不要总是想着给自己减压，相反，还要适当给自己加压。因为压力是孕育成功的土壤，只有在沉重的现实面前，压力才能将潜能激发出来。而当你无法摆脱压力时，就应该反复对自己说："感谢生命之中的压力，这是生活对我的挑战和考验。""这是上天催促我努力学习、积极工作、奋发向上的动力。"换个角度去看问题，改变态度，困难和压力也会很快减轻。

事实证明，任何一个取得成功的人，都是因为他付出了超乎常人的努力。一个人要想获得人生的幸福，那么每一天都应该勤奋工作。付出不亚于任何人的努力是一个长期的过程，只要坚持就一定能够获得不可思议的成就。

# 参考文献

[1] 陈飞，崔生祥. 静下心工作，沉住气做人[M]. 北京：中国商业出版社，2013.

[2] 吕宁. 有一种修为叫静心[M]. 北京：北京工业大学出版社，2016.

[3] 慧闻. 静下心来，找回自己[M]. 北京：民主与建设出版社，2016.

[4] 陈赞. 静心[M]. 北京：中国商业出版社，2018.